Daniel Becher

Finanzierung in Unternehmensnetzwerken

Vom Unternehmensnetzwerk
zur Holding

Daniel Becher

Finanzierung in Unternehmensnetzwerken

Vom Unternehmensnetzwerk
zur Holding

© 2005 Alle Rechte vorbehalten

RKW - Verlag

Düsseldorfer Straße 40
65760 Eschborn

RKW-Nr. 1490
ISBN 3-89644-237-6

Layout: RKW, Eschborn
Druck: Druckpartner Rübelmann, Hemsbach

Inhaltsverzeichnis

		Seite
Vorwort		7
Einführung		9
1	Begriffe	11
2	Erfolgsfaktoren für die Finanzierung in Unternehmensnetzwerken	18
3	Ziele einer Finanzierung auf Netzwerkebene	25
4	Möglichkeiten der Finanzierung in Unternehmensnetzwerken	33
4.1	Außenfinanzierungsmöglichkeiten	33
4.1.1	Einlagen- und Beteiligungsfinanzierung	33
4.1.2	Kreditfinanzierung	40
4.1.3	Netzwerkinternes Kreditmanagementsystem	46
4.2	Kreditsubstitute	49
4.3	Ein Modell der Finanzierung aus betrieblicher Altersvorsorge	56
4.4	Franchising	58
4.5	Innenfinanzierungsmöglichkeiten	60
4.5.1	Selbstfinanzierung in Unternehmensnetzwerken	61
4.5.2	Finanzierung durch sonstige Kapitalfreisetzungen (Cash-Management)	63
5	Good Practice	68
Abschließende Bemerkungen		75
Zum Autor		77

Vorwort

In der Wirtschaftspraxis hat es sich mehr und mehr gezeigt, dass die Fähigkeit zur Unternehmensführung eine wichtige Voraussetzung für die volle Ausschöpfung wirtschaftlicher Chancen ist. Diese Fähigkeit zur Führung eines Unternehmens beruht nicht nur auf Intuition, Fingerspritzengefühl und angeborener Begabung, sondern setzt vor allem auch Wissen, Erfahrung, Willen und Können voraus.

Die strategische Planung der Finanzierung ist und bleibt auch in Zukunft ein zentraler Erfolgsfaktor.

Der Leitfaden zur innovativen Finanzierung in Unternehmensnetzwerken hat sich zum Ziel gesetzt in praxisnaher Form, mit praktischen Beispielen unterlegt, Erfahrungen und Möglichkeiten einer erfolgreichen Finanzierung innerhalb von Netzwerken zu vermitteln.

Die Anregungen und Beispiele gelten für große und im Besonderen für kleine und mittlere Unternehmen.

Gerade in der Finanzierung von und durch Unternehmensnetzwerke liegen in Zukunft erhebliche Reserven, die es im Hinblick auf einen organisatorischen Wandel der kleinen und mittleren Betriebe aufzuzeigen gilt.

Je mehr Unternehmensnetzwerke und Unternehmer, die Netzwerke gründen oder festigen wollen, die Erkenntnisse und Informationen einer soliden und erfolgreichen Finanzierung auswerten und strategisch modernere Führungsmethoden praktizieren, umso erfolgreicher werden sie sich im Wettbewerb behaupten.

Dabei zu helfen ist das Ziel dieses Leitfadens, der vom Bundesministerium für Wirtschaft und Arbeit dankenswerter Weise unterstützt wird.

Daniel Becher

Einführung

Im dynamischen Wettbewerbsumfeld kommt es aufgrund der ständigen Veränderung von strukturellen Rahmenbedingungen zu Anpassungsprozessen vielfältiger Art. Nicht nur durch erhöhte Mobilität von Produkten, Personen und Informationen ist eine wachsende Globalisierung der Güter-, Arbeits- und Informationsmärkte zu beobachten. Die Globalisierung ist das Resultat neuer Technologien sowie der Liberalisierung der Handelsbeziehungen zwischen den Staaten. All dies führt zu einer stetig zunehmenden Vernetzung der Austauschbeziehungen zwischen den einzelnen Wirtschaftseinheiten. Neue Märkte können von Unternehmen erschlossen werden und neue Wettbewerber können in bereits erschlossene Märkte eintreten. Zudem ist ein Wandel von Verkäufer- zu Käufermärkten zu beobachten. Es kommt damit zu einer Machtverschiebung weg vom Hersteller hin zum Abnehmer. Der Hersteller muss sich folglich vermehrt an den Bedürfnissen seiner Abnehmer orientieren, nicht umgekehrt. Dies liegt neben dem wachsenden Angebot mit zunehmenden Wahlmöglichkeiten auch daran, dass die Käufer anspruchsvoller geworden sind und nicht mehr bereit sind organisatorisch bedingte Koordinationsschwierigkeiten, wie zum Beispiel lange Lieferzeiten, zu akzeptieren. Die Unternehmen werden also laufend mit neuen Herausforderungen konfrontiert. So stehen den kürzer werdenden Produktlebenszeiten gleichzeitig erhebliche Technologie- und Komplexitätssteigerungen gegenüber. Außerdem ist ein harter Qualitäts- und Preiswettbewerb zu beobachten. Diese und weitere Tendenzen führen zu einer Intensivierung des Wettbewerbs, d. h. zu erhöhtem Wettbewerbsdruck für die Unternehmen.

Die Unternehmen müssen gegen diese und weitere Herausforderungen bestehen, um ihre Existenz zu sichern. Am Markt setzt sich das Unternehmen durch, das mit den gegebenen Umweltbedingungen (z. B. Knappheit an Kapital, gesetzliche Vorschriften, politische Bedingungen) am besten umgehen kann und über ständige Veränderung und Optimierung seiner Prozesse und Strukturen dem Kunden das nutzenstiftendste Produkt zur richtigen Zeit am richtigen Ort in der richtigen Qualität und Quantität anbieten kann. Die Veränderungen der Umwelt- und Wettbewerbsbedingungen zwingen die Unternehmen zu strukturellen Anpassungsmaßnahmen, die zu Veränderungen in den Organisationskonzepten führen. Auch die Organisationskonzepte stehen im Wettbewerb zueinander. In der unternehmerischen Praxis tauchen in diesem Zusammenhang Unternehmensnetzwerke als ein innovatives Organisationskonzept auf. Dabei initiieren mehrere Unternehmen eine kooperative Zusammenarbeit, um den gestiegenen Wettbewerbsanforderungen entgegentreten zu können und Wettbewerbsvorteile gegenüber den „Einzelkämpfern" zu erzielen.

Die heutigen modernen Produkte sind sehr komplex und in ihnen steckt viel Know-how. Einzelne Unternehmen sind oft nicht mehr in der Lage derartig komplexe und wissensintensive Güter alleine herzustellen, weil beispielsweise die notwendigen Forschungs- und Entwicklungsinvestitionen die finanziellen Ressourcen und die Risikotragfähigkeit des Unternehmens übersteigen.

In diesem Fall bieten Kooperationen für viele Unternehmen eine sinnvolle Alternative. Durch die Verringerung von Transaktionskosten kann bei sehr spezifischen Produktionsabläufen ein Wettbewerbsvorteil erwirtschaftet werden. Gerade auch für junge und relativ kleine Unternehmen stellt ein Unternehmensnetzwerk eine günstige Alternative dar, um in Märkten aktiv zu werden, die bisher hauptsächlich von kapitalstarken Großunternehmen dominiert wurden.

In diesem Leitfaden werden die Finanzierungsmöglichkeiten in Unternehmensnetzwerken dargestellt. Sie dienen einerseits der Finanzierung eines Netzwerkmanagements und andererseits der jeweiligen Unternehmensfinanzierung. Daher werden die generellen Möglichkeiten der Finanzierung von Unternehmensnetzwerken betrachtet und die Auswirkungen des Unternehmensnetzwerkes auf die Finanzierung. Zudem werden Wege zu neuen Finanzierungsquellen vorgestellt, die sich speziell Unternehmensnetzwerken bieten.

1 Begriffe

Was bedeutet in diesem Zusammenhang der Begriff Unternehmensnetzwerk?

Die Begriffe Kooperation und Networking sind aus den heutigen Managementkonzepten kaum noch wegzudenken.

Die Zusammenarbeit von Organisationen, Individuen, Gruppen oder technologischen Einrichtungen wird im Allgemeinen als Netzwerk verstanden.

Werden speziell Unternehmen (bzw. Einheiten von Unternehmen) und deren Beziehungen untereinander betrachtet, dann wird von einem Unternehmensnetzwerk gesprochen. Allerdings sind nicht alle Beziehungen zwischen Unternehmen de facto als Unternehmensnetzwerk aufzufassen. An die Beziehungen werden bestimmte qualitative Vorraussetzungen gestellt. Die Begriffe Kooperation und Netzwerk werden hier synonym verwand, da Kooperationen spezifische Netzwerke darstellen.

Eigenschaften von Unternehmensnetzwerken

Folgende qualitative Eigenschaften werden an Unternehmensnetzwerke gestellt:

- es liegt eine wirtschaftlich orientierte Organisationsform vor
- es zielt auf die Realisierung von Wettbewerbsvorteilen ab
- es besteht eine kooperative, stabile Beziehung
- die Unternehmen sind rechtlich selbständig.

Die Unternehmen können auf gleicher oder unterschiedlicher Wertschöpfungsstufe angesiedelt sein. Dies führt dann zu horizontalen bzw. vertikalen Netzwerkstrukturen.

Der Leistungserstellungsprozess läuft unternehmensübergreifend im Sinne einer kooperativen Produktion ab. Gleichzeitig können die Unternehmen auch als Konkurrenten auftreten, beispielsweise um knappe Ressourcen auf den Faktormärkten oder in nicht vom Unternehmensnetzwerk betroffenen Geschäftsbereichen.

Anzumerken ist, dass die Unternehmen trotz Netzwerkzugehörigkeit eigenständig bleiben. Bei der Eigenständigkeit der Netzwerkunternehmen wird zwischen wirtschaftlicher und rechtlicher Autonomie unterschieden. Die rechtliche Autonomie ist in der Regel eindeutig bestimmbar und ist immer dann gegeben, wenn keine „Verstrickungen" im Sinne einer gemeinsam aufzustellenden Bilanz existieren.

Zudem darf die finanzielle Beteiligung an anderen Netzwerkunternehmen nicht so groß sein, dass Mitbestimmungs- oder Kontrollrechte wahrgenommen werden können.

Bei der wirtschaftlichen Autonomie ist dies oft schwieriger, da wirtschaftliche Abhängigkeiten in der Natur des Netzwerks begründet liegen.

Verständlich wird dies dadurch, dass ja gerade der Netzwerkbeitritt eine Unterordnung unter kollektive Ziele anstrebt.

Trotz Netzwerksbeitritt bleibt den Unternehmen aber ein gewisser Freiheitsgrad erhalten. Sie bleiben in wichtigen strategischen Entscheidungen autonom und können, zumindest mit einem Teil ihrer Produkte, weiterhin selbständig am Markt auftreten.

Damit lässt sich als weitere Eigenschaft eines Unternehmensnetzwerks folgern, dass bei seiner ursprünglichen Entstehung die einzelnen Unternehmen sich *freiwillig* und nicht aus wirtschaftlich-existentiellen Zwängen zusammenfinden. Zwar wird mit der Netzwerksbildung die Hoffnung auf Wettbewerbsvorteile verknüpft, aber die Existenz der einzelnen Unternehmen muss auch ohne Netzwerk gesichert sein.

Vorteile von Unternehmensnetzwerken

Ein Unternehmensnetzwerk kann durch gebündelte Kompetenzen und Ressourcen im Wettbewerbsumfeld stärker und damit unabhängiger als das Einzelunternehmen agieren. Das Ganze ist sozusagen mehr als seine Einzelteile. Durch die Wettbewerbsvorteile des Unternehmensnetzwerks gegenüber den Einzelunternehmen entstehen Win-win-Situationen, an der alle Partner des Netzwerks partizipieren können.

Die Wettbewerbsvorteile von Unternehmensnetzwerken lassen sich unter anderem auf folgende Effekte zurückführen:

1. Lernvorteile durch funktionale Spezialisierung der Einzelunternehmen
2. Kostenvorteile durch „Economies of Scale"
3. Qualitätsverbesserung
4. Prozessoptimierung der Wertschöpfungskette
5. durch Bündelung von Ressourcen wird unternehmerische Flexibilität erhöht
6. schnellere Reaktion auf aktuelle Marktveränderungen
7. höhere Produktdiversifikation
8. größere Marktmacht
9. Ressourcenknappheit (Personal, Kapital) kann schneller überwunden werden
10. Risikoteilung durch gemeinsame Finanzierung kapitalintensiver Anlagegüter.

Die hier aufgeführten Vorteile können gleichzeitig auch als Chancen oder Zielsetzungen von Unternehmensnetzwerken aufgefasst werden. Neben den Chancen existieren auch Risiken. So ist durch die erhöhte Systemkomplexität nur eine partielle Systembeherrschung möglich, es besteht die Gefahr als einzelnes Unternehmen einen Kompetenzverlust durch Knowhow Offenbarung zu erleiden und es können zusätzliche Abhängigkeiten geschaffen werden. Auch können durch Koalitionsbildung im Netzwerk asymmetrische Informations- und Machtbeziehungen entstehen.

Anpassung des Finanzierungsbegriffs

Wird aus Sicht des einzelnen Unternehmens nach der Quelle der Mittelherkunft gegliedert, dann ist zwischen Außenfinanzierung und Innenfinanzierung zu unterscheiden.

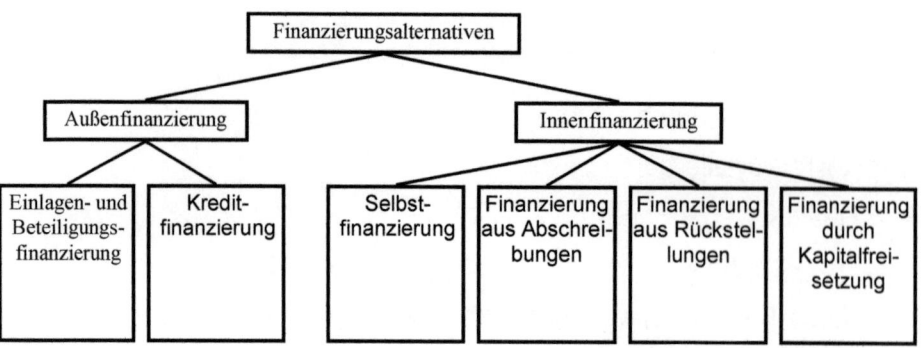

Bild 1: Klassische Systematisierung nach Mittelherkunft

Die Finanzierung in Unternehmensnetzwerken erhält im Vergleich zu der in der Finanzwirtschaftslehre üblichen Unterscheidung zwischen Außen- und Innenfinanzierung eine zusätzliche Dimension.

Dieser Effekt ist auch in Konzernen zu beobachten. Neben der Unterscheidung in unternehmensexterne und -interne Mittelherkunft auf Unternehmensebene, ist unter Einbeziehung der Netzwerkebene eine Unterscheidung in *netzwerkexterne* und *netzwerkinterne* Mittelherkunft möglich.

Zudem treten neben den Finanzierungsalternativen, die dem einzelnen Unternehmen für sich alleine zur Verfügung stehen, zusätzliche Finanzierungsalternativen innerhalb bzw. mithilfe des Unternehmensnetzwerkes.

Dabei stehen all diese Finanzierungsmöglichkeiten im Vordergrund, die durch das Unternehmensnetzwerk erweitert werden, z. B.:

- bessere Kreditfinanzierungsmöglichkeiten über eine bessere Bonitätseinstufung durch Teilnahme an einem Unternehmensnetzwerk
- flexiblere Möglichkeiten zur gegenseitigen Gewährung von Lieferantenkrediten innerhalb einer Zulieferer-Abnehmer-Beziehung im Unternehmensnetzwerk.

Zudem existieren auch neue Möglichkeiten, wie z.B.:

- gemeinsame Finanzierung und Nutzung von Anlagegütern,
- Erschließung neuer Finanzierungsinstrumente über Bündelung der Kapitalnachfrage.

Im Bereich der Außenfinanzierung ist eine Unterscheidung in *netzwerkexterne* und *netzwerkinterne Außenfinanzierung* möglich.

Diese Unterscheidung ist sinnvoll, um erstens die Quelle der Mittelherkunft eindeutig zu kennzeichnen. Zweitens ist diese Unterscheidung notwendig, weil netzwerkintern andere Faktoren (z. B. Konditionen, Publizität, etc.) bedeutsam sind als netzwerkextern.

Es wird von *netzwerkexterner Außenfinanzierung* gesprochen, sobald eine netzwerkexterne Beteiligungs-, Kreditfinanzierung oder Finanzierung über Kreditsubstitute des einzelnen Netzwerkunternehmens vorliegt.

In diesen Fällen tritt das Netzwerkunternehmen formal selbstständig am Geld- und Kapitalmarkt auf.

Eine *netzwerkinterne Außenfinanzierung* liegt dagegen vor, sobald die einzelnen Netzwerkunternehmen sich mithilfe gegenseitiger Beteiligungen, über gegenseitige Kredite oder Kreditsubstitute finanzieren.

Gerade im Bereich der netzwerkinternen Außenfinanzierung ergeben sich relativ große Gestaltungsspielräume. So sind beispielsweise im Bereich der netzwerkinternen Kreditfinanzierung bezüglich der Tilgungsmodalitäten, Laufzeiten und Zinsen Sonderregelungen möglich.

Im Bereich der *Innenfinanzierung* sind nur diejenigen Möglichkeiten von Bedeutung, die die Innenfinanzierungskraft auf Unternehmensebene verbessern. So können durch das Unternehmensnetzwerk idealerweise erhöhte Gewinne erwirtschaftet werden, womit die vermehrte Selbstfinanzierung mithilfe der Gewinnthesaurierung möglich wird. Des weiteren kann unter Umständen gebundenes Kapital freigesetzt werden (z. B. Zunahme der Lagerumschlagsfrequenz, Rationalisierungsmaßnahmen, Kostendegressionseffekte durch Funktionsspezialisierung).

Eine unternehmensübergreifende netzwerkinterne Innenfinanzierung aus Abschreibungen oder Rückstellungen ist aber nicht möglich, da kein gemeinsamer Jahresabschluss (z. B. analog zu einem Konzernabschluss) aufgestellt wird.

Die Einordnung von entstehenden Finanzierungsalternativen in die Klasse der netzwerkinternen Innenfinanzierung ist jedoch möglich. Beispielsweise könnte die netzwerkinterne Bildung einer Gewinn- und Verlustgemeinschaft, um mithilfe einer Gewinnnivellierung unternehmensübergreifende Ertragssteuervorteile zu erzielen, als netzwerkinterne Innenfinanzierung aufgefasst werden.

Beispiel zur Gewinn- und Verlustgemeinschaft:
Unbegrenzte Übernahme der Verluste und Aufteilung der Gewinne zwischen A:B:C im Verhältnis 3:2:1. Umverteilungen werden als Betriebseinnahmen bzw. –ausgaben betrachtet und jede Gesellschaft hat das nach der Umverteilung entstandene Ergebnis zu versteuern.
Gewinnnivellierung und Verlustkompensation kann zu steuerlichen Vorteilen führen.

Unternehmen	vor der Aufteilung	nach der Aufteilung
A	1000000	750000
B	600000	500000
C	-100000	250000
Gesamt	1500000	1500000

	Betriebseinnahmen/ Betriebsausgaben
A an C	-250000
B an C	-100000
C von A und B	3500000

Vorteile:

- Früherer Ausgleich eines entstandenen Verlustes als bei Verlustvortrag/-rücktrag, verbunden mit einem Liquiditäts- und Zinsgewinn

- veränderte Thesaurierungs- und Ausschüttungspolitik, wenn ein Gesellschafter der Gewinngemeinschaft einen höheren Gewinn ausschütten möchte, als dies ohne Poolung überhaupt möglich ist.

Um die durch das Unternehmensnetzwerk zusätzlich entstehenden Innenfinanzierungsmöglichkeiten mit der klassischen Begriffslogik zu vereinen, ist eine Untergliederung in netzwerkinterne und unternehmensinterne Innenfinanzierung notwendig.

Liegt die Ursache und die Quelle der Mittelherkunft innerhalb der einzelnen Unternehmen selbst, handelt es sich um die klassische Form der Innenfinanzierung. In diesen Fällen wird von *unternehmensinterner Innenfinanzierung* gesprochen.

Sofern neben den bekannten Innenfinanzierungsmöglichkeiten weitere entstehen und:

- mehr als ein Netzwerkunternehmen davon partizipiert und die
- zusätzliche Finanzierungsalternative explizit auf das Unternehmensnetzwerk zurückzuführen ist, wird von *netzwerkinterner Innenfinanzierung* gesprochen.

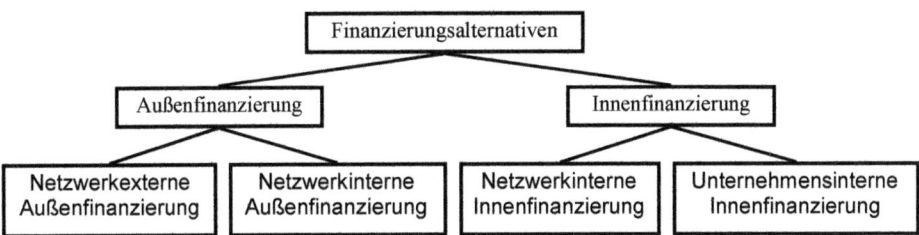

Bild 2: Finanzierungsalternativen in Unternehmensnetzwerken

Auf Unternehmensebene bleiben die klassischen Formen der Innen- und Außenfinanzierung grundsätzlich bestehen. Unter Einbezug der Netzwerkebene entstehen die Möglichkeiten der netzwerkinternen Innenfinanzierung, der netzwerkinternen Außenfinanzierung und der netzwerkexternen Außenfinanzierung.

Ebene Mittelherkunft	Unternehmensebene	Netzwerkebene
intern	Klassische Innenfinanzierung	Netzwerkinterne Innenfinanzierung
		Netzwerkinterne Außenfinanzierung
extern	Klassische Außenfinanzierung	Netzwerkexterne Außenfinanzierung

Bild 3: Gliederung nach Ebene und Mittelherkunft

Es ist jedoch zu berücksichtigen, dass sich alle Finanzierungsprozesse gegenseitig beeinflussen und diese Einteilung oft nicht möglich ist.

2 Erfolgsfaktoren für die Finanzierung in Unternehmensnetzwerken

In Kooperation mit anderen Unternehmen zu arbeiten ist für viele Unternehmer noch ein Tabuthema, da die Angst vor Souveränitätsaufgabe und dem Preisgeben von Know-how oft nicht zu Unrecht im Hinterkopf ist. Das Thema gemeinsame Finanzplanung wird deshalb selbst für bestehende Unternehmensnetzwerke oft nicht in Betracht gezogen.

Welche Erfolgskriterien bzw. -merkmale Unternehmen und Netzwerke aufweisen sollten um die Überlegung einer gemeinsamen Finanzgestaltung zu realisieren wird im folgenden Abschnitt näher erläutert.

Faktoren von Unternehmen

Unternehmensgröße und Rechtsform

Aus Sicht der Finanzwirtschaft sind vor allem die Rechtsform und die Unternehmensgröße die entscheidenden Merkmale. Beide Kriterien hängen unmittelbar mit der Finanzierung der einzelnen Netzwerkunternehmen und des gesamten Unternehmensnetzwerks zusammen. Für größere Kapitalgesellschaften ist es im Allgemeinen einfacher, zusätzliches Kapital über einen geregelten Kapitalmarkt zu akquirieren.

Personengesellschaften sind in erster Linie auf Innenfinanzierung, genauer auf die Selbstfinanzierung über den Weg der Gewinnthesaurierung und auf die Außenfinanzierung in Form der Kreditfinanzierung angewiesen.

Die Unternehmensgröße und die Rechtsform stehen in engem Zusammenhang zueinander.

> Um möglichst alle Finanzierungsmöglichkeiten in Unternehmensnetzwerken auszuschöpfen ist die Rechtsform einer Kapitalgesellschaft von Vorteil, da:
> - die Haftung vom Privatvermögen weitgehend abgekoppelt ist,
> - bessere Finanzierungsmöglichkeiten mit Eigen- und Fremdkapital bestehen,
> - eine höhere Flexibilität bei der Änderung der Beteiligungsverhältnisse besteht,
> - umfangreiche Bilanzierungsinstrumente und Bewertungswahlrechte genutzt werden können.

Deutlich wird dieser Zusammenhang am Beispiel der Besteuerung.

Rechtsform und Besteuerung

Die Rechtsform hat (zumindest in der Entscheidung zwischen Personen- oder Kapitalgesellschaft) unmittelbare Auswirkungen auf die Steuerbelastung und damit direkt auf das Finanzierungspotenzial der Unternehmen.

Die *Gewinne von Personengesellschaften* werden, egal ob sie in den Unternehmen bleiben oder ausgeschüttet werden, dem privaten Einkommen der Eigentümer bzw. Gesellschafter zugerechnet. Für diese Gewinne ist folglich der progressive Tarif der Einkommensteuer relevant.

Gewinne von Kapitalgesellschaften sind dagegen körperschaftssteuerpflichtig. Hier ist, aus Sicht der Unternehmen, der konstante Körperschaftssteuersatz maßgebend. Aus steuerlicher Perspektive wird die Wahl der steueroptimalen Rechtsform angestrebt, um den Unternehmen über Steuervorteile zusätzliche Finanzierungsspielräume zu eröffnen.

Die Finanzierungsentscheidungen müssen deshalb auch unter steuerlichen Gesichtspunkten optimiert werden.

Ein weiterer Beleg für die Bedeutung des Kriteriums Unternehmensgröße bei der Finanzierung ist bei der Akquisition von Fremdkapital spürbar.

Allgemein entstehen für kleine und mittlere Unternehmen (KMU) wachsende Schwierigkeiten ausreichend Fremdkapital zu vertretbaren Kapitalkosten zu beschaffen. Dieser Umstand basiert in jüngster Vergangenheit unter anderem auf der angespannten Ertragslage und der daraus resultierenden restriktiveren Kreditvergabepolitik der Banken. Auf die Finanzierung der Unternehmen hat dies unmittelbare Auswirkungen, weil eine starke Bankabhängigkeit der KMU zu beobachten ist. Gerade deshalb sind KMU vermehrt auf alternative Finanzierungsinstrumente angewiesen.

Wichtige Rechtsformen

Die in diesem Kontext wichtigen Rechtsformen sind einteilbar in:

- Einzelunternehmen,
- Personengesellschaften und Körperschaften.

Personengesellschaften sind weiter unterteilbar in:

- Gesellschaft bürgerlichen Rechts (GbR),
- offene Handelsgesellschaft (OHG) und
- Kommanditgesellschaft (KG).

Körperschaften sind weiter unterteilbar in:

- Kapitalgesellschaften,
- Genossenschaften und Vereine.

Kapitalgesellschaften sind unterteilbar in:

- Aktiengesellschaft (AG),
- Gesellschaft mit beschränkter Haftung (GmbH) und
- Kommanditgesellschaft auf Aktien (KGaA).

Daneben sind noch Kombinationen aus Personen- und Kapitalgesellschaften wie z. B. die GmbH & Co. KG finanzwirtschaftlich relevant.

Für grenzüberschreitende Unternehmensnetzwerke ist daneben die Rechtsform *Europäische wirtschaftliche Interessenvereinigung (EWIV)* geeignet. Diese Rechtsform wurde von der Europäischen Gemeinschaft zur Förderung des Europäischen Binnenmarktes geschaffen.

Die EWIV ist eine juristische Person, kann Träger von Rechten und Pflichten sein, ihre Gesellschafter haften uneingeschränkt gesamtschuldnerisch, allerdings nur subsidiär (= nachrangig).

Zweck der EWIV darf nicht die Gewinnerzielungsabsicht sein, sondern er soll darin bestehen die grenzüberschreitende wirtschaftliche Tätigkeit ihrer Mitglieder zu erleichtern.

> Eine EWIV
>
> - besteht aus mindestens zwei Mitgliedern aus zwei verschiedenen EU-Ländern, die zusammenarbeiten,
> - ist ein eigenes Unternehmen (daneben bleiben die Mitgliedsunternehmen bestehen),
> - kann ohne (oder mit) Stammkapital gegründet werden,
> - ist eine eigene Rechtsform, die im Handelsregister eingetragen wird,

- hat ihren Sitz innerhalb der EU und kann ohne weiteres über die Grenze verlegt werden (eine andere Gesellschaft müsste erst liquidiert werden),
- hat in Deutschland keine Gewerbesteuerpflicht, keine Körperschaftssteuerpflicht, in der Regel keine Bilanzpflicht, keine Publizitätspflicht und eine einfache Buchhaltung (Einnahme- Überschussrechnung),
- hat Vorteile im öffentlichen Auftragswesen und bei der Förderung in der EU.

Für Finanzierungsfragen ist von Bedeutung, dass die EWIV unter bestimmten Voraussetzungen vom eingeschränkten Verlustausgleich ausgeschlossen werden kann. Hier findet sich bisher noch keine klare Rechtssprechung.

Erfolgsfaktoren von Unternehmensnetzwerken

Größe des Unternehmensnetzwerks

Für finanzwirtschaftliche Fragestellungen ist, neben der Größe einzelner Unternehmen, die Größe des Unternehmensnetzwerks ein entscheidendes Merkmal. Denn je größer das Netzwerk, desto mehr Finanzierungsmöglichkeiten stehen zur Auswahl mit denen sich Finanzierungsvorteile erreichen lassen.

Oft wird die Größe eines Unternehmensnetzwerks nur anhand der Anzahl der Netzwerkunternehmen definiert. Teilweise kommt zur Anzahl der Netzwerkunternehmen noch der Umsatz hinzu. Genaue Klassengrenzen werden dabei aber nicht gezogen. Für die genauere Klassifizierung der Größe von Unternehmensnetzwerken bietet sich die Verwendung der gleichen Merkmale wie bei der Klassifizierung der einzelnen Unternehmen an.

Allerdings wird es als sinnvoll erachtet, zur Klassifizierung des gesamten Unternehmensnetzwerks in kleine, mittlere und große Unternehmensnetzwerke, kumulierte Größen von Bilanzsumme, Umsatz und Anzahl der Arbeitnehmer zu verwenden.

Damit können einem großen Unternehmensnetzwerk durchaus auch kleine Unternehmen angehören.

Kleinere Bilanzsummen, Minderumsätze und weniger Arbeitnehmer von kleinen Netzwerkunternehmen können bei dieser Klassifizierung durch größere Netzwerkunternehmen ausgeglichen werden. Bei dieser Einteilung der Unternehmensnetzwerke in Größenklassen findet also eine netzwerkübergreifende Verrechnung der Merkmale statt.

Bei dieser Größeneinteilung werden netzwerkabhängige Veränderungen der Merkmale, im Sinne von Zusatzumsätzen, positiven Bilanzauswirkungen und zusätzlich beschäftigten Arbeitnehmern auf Unternehmensebene, ausgeschlossen.

Wertschöpfungsstufen der beteiligten Netzwerkunternehmen

Ein weiterer ausschlaggebender Faktor für Finanzierungsüberlegungen bezieht sich auf die Wertschöpfungsstufen der beteiligten Netzwerkunternehmen. Nach den beteiligten Wertschöpfungsstufen sind vertikale, horizontale und laterale (bzw. diagonale) Unternehmensnetzwerke unterscheidbar.

Vertikale Unternehmensnetzwerke sind durch in der Wertschöpfungskette aufeinander folgende Unternehmen gekennzeichnet. Sie stellen oft Supply-Chains aus Lieferanten-Abnehmer Beziehungen dar, wobei nicht nur lineare (im Sinne einer einzelnen Kette), sondern speziell netzwerkartige (im Sinne einer verzweigten Kette) Beziehungen denkbar sind.

Bei *horizontalen Unternehmensnetzwerken* arbeiten Unternehmen der gleichen Wertschöpfungsstufe netzwerkartig zusammen.

Bei *lateralen Unternehmensnetzwerken* sind sowohl Unternehmen auf unterschiedlicher als auch Unternehmen auf gleicher Wertschöpfungsstufe beteiligt.

Daneben können die Beziehungen der Unternehmen untereinander verschiedene Unternehmensbereiche betreffen. Es besteht die Möglichkeit der Netzwerkbildung in der Forschung und Entwicklung (F&E), Beschaffung, Produktion, Marketing und Vertrieb, Personalbereich und in dem hier im Mittelpunkt stehenden Finanzbereich.

Wobei für den Finanzbereich zu entscheiden ist, welche finanzwirtschaftlichen Funktionen kooperativ ausgeführt werden können und welche besser individuell bei den einzelnen Unternehmen verbleiben sollten.

Stabilität des Unternehmensnetzwerkes

In der Unternehmenspraxis stellt die Stabilität der Netzwerkbeziehungen eine Grundvoraussetzung für gemeinsame Finanzierungsansätze dar. Da sie eng mit dem, meist über Jahre gewachsenen Vertrauen zu anderen Netzwerkpartnern verknüpft ist.

Grundsätzlich lassen sich *stabile* von *instabilen* (bzw. dynamischen) Unternehmensnetzwerken unterscheiden.

Für die Finanzierung sind stabile Unternehmensnetzwerke unabdingbar. Eine über die einzelnen Netzwerkunternehmen übergreifende Finanzierung des Netzwerks, d. h. eine Finanzierung auf Netzwerkebene, macht nur Sinn, sofern die Beziehungen im Unternehmensnetzwerk ein hohes Maß an Stabilität, d. h. Kontinuität und Stetigkeit aufweisen.

Andererseits kann aber auch die Finanzierung in Unternehmensnetzwerken die Stabilität des gesamten Netzwerks beeinflussen. Sobald durch die beteiligten Unternehmen die oft knappe Ressource Finanzmittel auf Netzwerkebene eingesetzt wird, ist zu beobachten, dass die gemeinsamen Aktivitäten genauer in den Blickpunkt rücken. Durch die gemeinsame Finanzierung in Unternehmensnetzwerken entsteht ein gemeinsames wirtschaftliches Interesse.

Stabilitätskriterien für Unternehmensnetzwerke

Als Stabilitätskriterien sind in der Wirtschaftswissenschaft folgende Faktoren ausschlaggebend:

1. die zeitliche Existenzdauer des Unternehmensnetzwerks

Dabei ist die Existenz des Netzwerks insgesamt von der Dauer der Mitgliedschaft des einzelnen Unternehmens im Netzwerk voneinander abgrenzbar. Generell kann zwischen befristeten und unbefristeten Netzwerken unterschieden werden. Die befristeten Netzwerke lassen sich weiter in kurz-, mittel-, und langfristige Netzwerke einteilen. Die Dauer der Mitgliedschaft der einzelnen Unternehmen ist zudem abhängig von der bereits erörterten Offenheit bzw. Geschlossenheit der Netzwerkgrenzen. Wird die Existenzdauer des Unternehmensnetzwerks betrachtet, dann eröffnen sich vor allem für mittel- bis langfristig und unbefristet angelegte Unternehmensnetzwerke sinnvolle unternehmensübergreifende Finanzierungsmöglichkeiten.

2. Gegenseitiges Vertrauen

Die Stabilität des gesamten Netzwerks beruht auf gegenseitigem Vertrauen. Gegenseitiges Vertrauen wird bei wachsender Größe und zunehmenden finanziellen Risiken häufig durch Verträge ergänzt bzw. substituiert.

3. Grad der Formalisierung

Ein weiteres Stabilitätsmerkmal auf Netzwerkebene ist deshalb der Formalisierungsgrad. Er beschreibt den Umfang und die Ausgestaltungsdetails der vertraglich bindenden Regeln im Netzwerk. Der Formalisierungsgrad kann beliebige Ausprägungen zwischen den beiden Extremen vollständig informales und vollständig formales Unternehmensnetzwerk annehmen. In der unternehmerischen Praxis ergeben sich stets Mischformen, die formale und informale Elemente kombinieren.

4. Grad der Kapitalverflechtung

Ein höherer Grad an gegenseitiger Kapitalverflechtung kann als Ausdruck der Stabilität und Verbindlichkeit des Unternehmensnetzwerks gewertet werden. Jedoch darf der Grad der Kapitalbeteiligung nicht so hoch sein, dass Netzwerkunternehmen ihre wirtschaftliche Selbständigkeit verlieren. Dann würde es sich außerdem nicht mehr um ein Unternehmensnetzwerk handeln.

Es ist deshalb zu klären, ab welcher gegenseitigen Beteiligungsquote die Netzwerkunternehmen ihre wirtschaftliche Selbständigkeit verlieren.

Um eine Grenze zwischen wirtschaftlicher Selbständigkeit und wirtschaftlicher Abhängigkeit festzulegen geht es prinzipiell darum, ab welcher Beteiligungsquote ein maßgeblicher Einfluss auf die Geschäftspolitik und Unternehmensstrategie ausgeübt werden kann. Die Festlegung einer solchen „absoluten" Grenze birgt Risiken, da immer Gegenbeispiele denkbar sind. In der Anwendung bleibt die Möglichkeit den konkreten Einzelfall separat zu prüfen.

Generell lässt sich folgern, dass sobald die gegenseitige Kapitalbeteiligung 25% des Nominalkapitals übersteigt, von einer Einschränkung der wirtschaftlichen Selbständigkeit und damit vom Verlust des Status Unternehmensnetzwerk auszugehen ist. In der Praxis ist festzustellen, dass Unternehmensnetzwerke mit keinen oder nur geringen Kapitalverflechtungen existieren. Dies begründet sich einerseits auf kartellrechtlichen Beschränkungen und andererseits durch die Unternehmermentalität.

3 Ziele einer Finanzierung auf Netzwerkebene

Eine kooperative Finanzierung in Unternehmensnetzwerken verfolgt eine Reihe individueller Ziele, wobei die grundsätzlichen Zielsetzungen einer Kooperation immer auch Auswirkungen auf die Finanzierung haben. Finanzierungsstrategien sollten die Auswirkungen auf das Risiko, auf Investitionen, auf die Kapitalstruktur, Bonität und Liquidität der Netzwerkunternehmen berücksichtigen. Insbesondere sollten, bei der Finanzierung in Unternehmensnetzwerken, die finanziellen Vorteile und Nachteile durch die Gründung oder den Beitritt zu einem Unternehmensnetzwerk für die kooperierenden Unternehmen im Gegensatz zur Einzelgängerstrategie durchleuchtet werden.

Risikoteilung

Rein statistisch stellt Risiko künftige und bewertete Verluste unter der Annahme von Wahrscheinlichkeiten dar.

Leistungswirtschaftliche Risiken

Für jedes Unternehmen bestehen aufgrund der wirtschaftlichen Leistungsprozesse Sach-, Personen-, Markt-, Rechts- oder politische Risiken, die Auswirkungen auf die zukünftigen Erträge und Aufwendungen des Unternehmens haben können. Die Höhe der zukünftigen Aufwendungen und Erträge ist von zukünftigen Umweltzuständen abhängig. Diese in Verbindung mit dem Leistungsprozess des Unternehmens stehenden Risiken werden als *leistungswirtschaftliche Risiken* bezeichnet.

Die leistungswirtschaftlichen Risiken werden durch die Kooperation in einem Unternehmensnetzwerk aus Sicht des einzelnen Unternehmens verringert.

Dieser Aspekt begründet oft die Teilnahme an einem Unternehmensnetzwerk. Über den gezielten Aufbau von kooperativen Netzwerkbeziehungen kann mehr Transparenz bezüglich der Handlungen der Kooperationspartner geschaffen werden und damit können die Risiken für alle beteiligten Unternehmen reduziert werden. Begründet wird der Effekt der Verringerung der leistungswirtschaftlichen Risiken auch dadurch, dass diese geteilt werden. Für ein einzelnes Unternehmen kann es riskant sein, in eine neue Marktchance, Produkt- oder Technologiegeneration zu investieren. Für die Partizipation an einer Marktchance, Produkt- oder Technologiegeneration sind regelmäßig Investitionen in Forschung und Entwicklung (F&E), Anlagen und Humankapital notwendig. Anlagen können ausfallen oder technologisch veralten, Nachfragepräferenzen am Markt können sich verändern und die rechtlichen und politischen Rahmenbedingungen unterliegen einem ständigen Wandel. Bei entsprechender Größenordnung können diese leistungswirtschaftlichen Risiken für das einzelne Unternehmen eine existenzielle Bedrohung darstellen und in letzter Konsequenz zur Insolvenz führen. Ein zu großes leistungswirtschaftliches Risiko hat zur Folge, dass ein ökonomisch vernünftig handelndes Unternehmen auf die Durchführung der Investitionen verzichtet, insbesondere dann, wenn die Risikotragfähigkeit des Unternehmens überschritten wird.

Diese leistungswirtschaftlichen Risiken sollten mithilfe eines Unternehmensnetzwerks auf mehrere Unternehmen verteilt werden, indem die Risiken gemeinsam getragen werden.

Es findet dann eine Risikodiversifikation statt, weil das Gesamtrisiko aufgespalten wird. In der Praxis werden dann notwendige Sachinvestitionen gemeinsam durchgeführt oder es wird kooperative Zusammenarbeit im Bereich der F&E vereinbart. Dadurch können gegebenenfalls Marktchancen wahrgenommen werden, die das einzelne Unternehmen aus Risikogesichtspunkten nicht wahrnehmen kann.

Die Teilnahme an einem Unternehmensnetzwerk kann folglich zu einer Erweiterung der unternehmerischen Handlungsspielräume der einzelnen Unternehmen führen.

Anzumerken ist, dass aus Sicht des einzelnen Unternehmens, d. h. auf Unternehmensebene, eine Verringerung des Risikos stattfindet. Aus Sicht des ganzen Netzwerks, d. h. auf Netzwerkebene, findet eine Aufteilung des Risikos statt. Die Höhe des leistungswirtschaftlichen Gesamtrisikos bleibt unverändert, sofern es nach wie vor nur von externen Umweltbedingungen abhängt.

In einem Unternehmensnetzwerk kann es neben der Risikoteilung auch zu einer Verschiebung des leistungswirtschaftlichen Risikos kommen. Insbesondere in Hersteller-Zulieferer-Netzwerken bzw. Supply-Chains kann eine Verlagerung des leistungswirtschaftlichen Risikos stattfinden, indem z.B. der Hersteller seine Lagerhaltung weitgehend reduziert und das leistungswirtschaftliche Risiko auf den Zulieferer überträgt. Für den Zulieferer bedeutet dies eine Erhöhung des leistungswirtschaftlichen Risikos.

Finanzwirtschaftliche Risiken

Neben den leistungswirtschaftlichen Risiken existieren *finanzwirtschaftliche Risiken*, die mit den Finanzprozessen im Unternehmen verbunden sind.

Für KMU stellen das *(Forderungs-) Ausfallrisiko* und das *Währungsrisiko* besondere Hürden dar.

Forderungsausfallrisiko

Bei zeitlicher Versetztheit zwischen dem Absatz der Leistungen durch das Unternehmen und der vollständigen Bezahlung durch den Abnehmer entstehen finanzielle Forderungen des Unternehmens an den Abnehmer. Gerade bei großen kapitalintensiven Aufträgen (z. B. im Baugewerbe), müssen regelmäßig umfangreiche liquide Mittel durch das ausführende Unternehmen bevorschusst werden, bevor die liquiden Mittel als Einzahlung zurückfließen. Der Rückfluss der liquiden Mittel ist demnach mit einem Risiko behaftet.

Bei einem entsprechenden Forderungsvolumen ist das Unternehmen dadurch sogar existenziell bedroht.

Wird eine Leistung von mehreren Unternehmen eines Unternehmensnetzwerks erbracht, verteilt sich das Forderungsausfallrisiko auf eine größere Anzahl an Unternehmen. In diesem Fall wird dieses finanzwirtschaftliche Ausfallrisiko geteilt.

Währungsrisiko

Sofern die räumliche Verteilung der Standorte der Netzwerkunternehmen mehr als einen Währungsraum umfasst, kann über das Unternehmensnetzwerk auch das Währungsrisiko diversifiziert werden. Ändern sich die Wechselkurse zwischen den Währungsräumen, verändern sich sowohl die im Rahmen der Austauschbeziehungen zwischen den Netzwerkunternehmen als auch die auf netzwerkexternen Märkten erzielbaren Preise. Während die eine Seite von der Wechselkursänderung profitiert, sind auf der anderen Seite negative Auswirkungen spürbar. Für das gesamte Unternehmensnetzwerk kommt es zu einer Verschiebung der Erträge in die Währungsgebiete die (aus ihrer Sicht) eine positive Wechselkursentwicklung vollzogen haben.

Mithilfe entsprechender Finanzgeschäfte ist in einem Unternehmensnetzwerk eine Absicherung gegenüber Währungsrisiken erreichbar.

Durch die unternehmensübergreifende Koordination dieser Absicherungsgeschäfte auf Netzwerkebene können Effizienzvorteile gegenüber dem Alleingang erzielt werden. Zudem können Absicherungen von Währungsrisiken am Terminmarkt eingeschränkt werden.

In Zukunft ist hier die gemeinsame Auslagerung dieser Aufgaben auf die Netzwerkebene möglich, wodurch das einzelne Netzwerkunternehmen seine personellen Ressourcen auf seine produktiven Kernaufgaben konzentrieren kann. Auf Netzwerkebene können notwendige Finanzexperten das Management der Währungsrisiken für das gesamte Unternehmensnetzwerk übernehmen, mit der Folge, dass durch Bündelung und Auslagerung dieser Aktivitäten auf Unternehmensebene Kosten eingespart werden können.

Generell ist die Risikoteilung eine finanzwirtschaftliche Zielsetzung einer kooperativen Zusammenarbeit.

Es ist jedoch zu beachten, dass je geringer das Risiko ist, desto geringer fällt auch der Gewinn für das einzelne Unternehmen aus.

Beachtet man aber die durch Unternehmensnetzwerke erzielbaren Wettbewerbsvorteile, kann der Gesamtertrag höher liegen und diesen Verlust kompensieren.

Voraussetzung dafür ist allerdings, dass die zusätzlich durch die Zusammenarbeit in einem Unternehmensnetzwerk entstehenden Aufwendungen (z.B. Koordinations- und Kommunikationsaufwand) durch eingesparte Aufwendungen (z. B. geringere Transaktionskosten, Rationalisierungs-, Zeit-, Qualitätsvorteile) überkompensiert werden.

Damit ist eine kooperative Finanzierungsstrategie dann sinnvoll, wenn höhere leistungswirtschaftliche Risiken getragen werden sollen.

Geringere Finanzierungskosten und Portfolioeffekte

Das Unternehmensnetzwerk und die Reduzierung der leistungs- und finanzwirtschaftlichen Risiken haben aber auch aus Sicht der Kapitalgeber bzw. potenzieller Investoren positive Effekte.

Investoren, die sich an Netzwerken beteiligen, haben das Interesse ihre Risiken zu kontrollieren.

Unabhängig davon, ob der Investor netzwerkintern oder netzwerkextern anzutreffen ist, wird bei höherem Risiko eine höhere Investitionsrendite erwartet. Aus Sicht der Netzwerkunternehmen schlägt sich deshalb ein höheres Risiko in höheren Kapitalkosten (Zinsen oder abzugebende Renditen) nieder.

Wird über ein Unternehmensnetzwerk das leistungs- und finanzwirtschaftliche Risiko des einzelnen Unternehmens verringert, hat dies positive Auswirkungen auf die Kapitalkosten.

Bei nachweisbarer Risikominderung für das einzelne Netzwerkunternehmen, werden auch die Finanzierungskosten sinken. Dies kann sich in besseren Fremdfinanzierungskonditionen niederschlagen, es kann aber auch im Bereich der Eigenfinanzierung positive Auswirkungen haben.

Stellt der Kapitalgeber nicht nur einem Unternehmen Kapital zur Verfügung, sondern mehreren Unternehmen eines Unternehmensnetzwerks, dann kann für ihn zusätzlich ein *Portfolioeffekt* zum Tragen kommen.

Unter der Annahme, dass die Einzelrisiken der Netzwerkunternehmen nicht positiv korreliert sind, diversifiziert der Kapitalgeber dadurch sein Risiko. Negative Entwicklungen des einen Unternehmens können somit mit positiven Entwicklungen eines anderen Unternehmens ausgeglichen werden. Die Risikodiversifikation hat aus Sicht der Kapitalgeber Auswirkungen auf die Sicherheit der Rückflüsse aus den Netzwerkbeteiligungen oder den gewährten Krediten. Insofern ist es für Investoren vorteilhafter in mehrere Unternehmen eines Unternehmensnetzwerks zu investieren, als ihr Kapital nur einem ausgewählten Unternehmen zur Verfügung zu stellen.

Gemeinsame Investitionen

Als weitere finanzwirtschaftliche Zielsetzung von Unternehmensnetzwerken, kann die gemeinsame Durchführung von Investitionen genannt werden.

Sie ist eng mit der Zielsetzung der Risikoverringerung und -teilung verknüpft, stellt aber an die Beteiligten größere organisatorische Anforderungen.

Ziel ist es, das Volumen der durchführbaren Investitionen zu vergrößern. Ein Unternehmensnetzwerk sollte es den Unternehmen ermöglichen hohe Kapitalbeträge gemeinsam aufzubringen.

In der Unternehmenspraxis kommt es zu einer unternehmensübergreifenden Bündelung von finanziellen Mitteln zur gemeinsamen Finanzierung einer oder mehrerer größerer Investitionsvorhaben.

Durch die Kooperation ergibt sich die Möglichkeit, in bestimmten Bereichen die individuellen Investitionsausgaben zu senken. Durch die unternehmensübergreifende Prozessoptimierung im Netzwerk kann, neben den individuellen Investitionsausgaben, auch das Volumen der Gesamtinvestitionen verringert werden.

Klassisches Beispiel ist die gemeinsame Durchführung von teuren und gleichzeitig riskanten F&E-Vorhaben, um die unternehmensindividuellen finanziellen Belastungen bei gleichzeitiger Diversifikation des Risikos zu verringern und finanzielle Ressourcen zu bündeln.

Die Gefahr, die bei der gemeinsamen Finanzierung von F&E-Vorhaben entsteht, ist darin zu sehen, dass möglicherweise wettbewerbsrelevantes Wissen preisgegeben wird. Sofern die Netzwerkunternehmen in dem entsprechenden Markt nicht als Konkurrenten auftreten und über entsprechende Vereinbarungen und Kontrollmechanismen gemeinsam an den Ergebnissen profitieren, ist dies allerdings unkritisch.

Finanzielle Mittel und Kompetenzen werden gezielter eingesetzt und es werden schneller Forschungsfortschritte erzielt.

Grundsätzlich ist in der Unternehmenspraxis der Austausch von Know-how und Wissen für alle beteiligten Netzwerkpartner vorteilhaft, jedoch müssen immer Rahmenbedingungen geschaffen werden, die das sogenannte „Freeriding" verhindern.

(„Freeriding" hier: Abschöpfung von Know-how ohne eigene Beiträge)

Neben der gemeinsamen Finanzierung von F&E-Vorhaben, sind auch:

- *Produktionseinrichtungen,*
- *Maschinen* oder
- *Gebäude* (z. B. gemeinsames Zwischenlager) unternehmensübergreifend finanzierbar.

Verrichten mehrere Unternehmen gleiche Tätigkeiten und können eine dafür notwendige Produktionsanlage alleine nicht auslasten, ist es sinnvoll diese Produktionsanlage gemeinsam zu finanzieren, zu beschaffen und zu nutzen. Der finanzielle Aufwand wird geteilt und die Gesamtrentabilität der Anlage, aufgrund der besseren Auslastung, erhöht. Gleiches gilt für die gemeinsame Finanzierung und Nutzung eines Zwischenlagers.

In diesem Fall ist aber zu beachten, dass die Nutzungsberechtigung der Anlagegüter im Engpassfall geregelt sein muss.

Entsteht auf der gemeinsam finanzierten Anlage ein Kapazitätsengpass, müssen Prioritätsregeln zur Bestimmung der Auftragsreihenfolge vorliegen. Die Auftragspriorität kann vertraglich oder über Vertrauen geregelt werden.

Ebenso fallen *Wartungs- und Instandhaltungsaufwendungen* an. Es bietet sich an, diesen Aufwand über eine geeignete Schlüsselgröße (z. B. Anzahl der genutzten Maschinenstunden) auf die Netzwerkunternehmen zu verteilen. Zudem müssen die jeweiligen Verantwortlichkeiten und Zuständigkeiten für Wartungs- und Instandhaltungsmaßnahmen geregelt werden.

Fragen der Bilanzierung sollten bei gemeinsamen Investitionsvorhaben vorab geregelt werden.

Dabei muss geklärt werden, bei welchem Netzwerkunternehmen das Anlagegut oder Teile des Anlagegutes in der Bilanz ausgewiesen wird.

Eine analoge Problemstellung ergibt sich im Rahmen von Leasinggeschäften.

Grundsätzlich liegt die Bilanzierungspflicht beim Träger der wirtschaftlichen Chancen und Risiken. Werden die Chancen und Risiken bei der Finanzierung einer Investition gemeinsam getragen, kann die Bilanzierungspflicht nicht immer eindeutig bestimmt werden. Die Frage der Bilanzierung ist insbesondere auch für die externen Finanzierungsmöglichkeiten des jeweiligen Unternehmens von Bedeutung. Da Anlagevermögen z. B. als Kreditsicherheit eingesetzt werden kann, hat die Bilanzierung direkte Auswirkungen auf die Fremdfinanzierungsmöglichkeiten des einzelnen Unternehmens.

Um diese Probleme zu umgehen, bietet sich insbesondere für Unternehmen der gleichen Branche, die Gründung eines gemeinsamen Unternehmens an. Damit kommt es zu einer horizontalen Kooperation. Sofern mehrere Unternehmen im Rahmen ihrer Produktion gleiche Tätigkeiten verrichten, können ganze Produktionsbereiche gemeinsam ausgelagert und finanziert werden. Sofern das gemeinsame Unternehmen wirtschaftlich und rechtlich selbständig bleibt und mit seinen Mutterunternehmen Austauschbeziehungen unterhält, wird dabei weiterhin von einem Unternehmensnetzwerk gesprochen.

Verbesserung der Liquidität, der Rentabilität und der Kapitalstruktur

Die Sicherstellung der Liquidität und die Erhöhung bzw. Wahrung der Rentabilität stellen wesentliche unternehmerische Erfolgsfaktoren.

Grundsätzlich bedeutet *Liquidität* die Fähigkeit eines Unternehmens allen Zahlungsverpflichtungen vollständig und fristgerecht nachzukommen.

Als *Rentabilität* einer finanzwirtschaftlichen Maßnahme wird das Verhältnis zwischen dem Ergebnis dieser Handlung zum eingesetzten Kapital bezeichnet.

Die Entscheidung über die zusätzliche Zuführung von Eigen- und Fremdkapital in ein Unternehmen ist von der Rentabilität des bereits verwendeten Kapitals abhängig. Somit hat die Rentabilität direkte Auswirkung auf die Finanzierungsmöglichkeiten und damit auf die Liquidität eines Unternehmens.

Zudem haben unterschiedliche Finanzierungsformen Auswirkungen auf die Kapitalstruktur der Netzwerkunternehmen.

Entscheidend ist dies, weil die Verbesserung der Kapitalstruktur, im Sinne einer Zuführung von Eigenmitteln, bei vielen Unternehmen aufgrund begrenzter Selbstfinanzierungskraft als kritischer Erfolgsfaktor angesehen wird.

Relevant sind hierbei vor allem die verbesserte Selbstfinanzierungskraft der Netzwerkunternehmen durch Erzielung von Wettbewerbsvorteilen mithilfe des Unternehmensnetzwerks und erweiterte Möglichkeiten zur Finanzierung aus sonstigen Kapitalfreisetzungen (z. B. Rationalisierungsmaßnahmen, Cash-Management, usw.).

Das Unternehmensnetzwerk hat dann Auswirkungen auf die Kapitalstruktur, wenn die Möglichkeit besteht, neue Fremdfinanzierungsmöglichkeiten zu erschließen oder bestehende auszubauen. Über Unternehmensnetzwerke können zum Beispiel neue netzwerkinterne und -externe Kreditfinanzierungsmöglichkeiten erschlossen werden. Die netzwerkexternen Kreditfinanzierungsmöglichkeiten stehen dabei im engen Zusammenhang zu den vorhandenen Eigenfinanzierungsmöglichkeiten, da bei der Beurteilung der Kreditwürdigkeit der Eigenkapitalquote des jeweiligen Netzwerkunternehmens eine erhebliche Bedeutung beigemessen wird.

Auch in Bezug zur neuen Baseler Eigenkapitalverordnung (Basel II), können für die Netzwerkunternehmen Vorteile entstehen. Nach dieser Verordnung werden Kreditkonditionen zukünftig risikoadäquater ausgestaltet.

Weil Unternehmensnetzwerke zu einer Verringerung des Risikos des einzelnen Netzwerkunternehmens führen, sind positive Auswirkungen auf die Kreditfinanzierungskosten der Netzwerkunternehmen zu erwarten. Daneben ist anzumerken, dass die allgemein verbreitete Befürchtung der Verteuerung von Krediten unbegründet ist, da sich durch Basel II gerade für rentable und risikoärmere Unternehmen die Kreditkosten verringern werden.

4 Möglichkeiten der Finanzierung in Unternehmensnetzwerken

4.1 Außenfinanzierungsmöglichkeiten

Die klassischen Möglichkeiten der Außenfinanzierung sind die Einlagen- und Beteiligungsfinanzierung und die Kreditfinanzierung. Im Zusammenhang mit Unternehmensnetzwerken erweitern sich diese Möglichkeiten deutlich.

Allgemein sollte bei der gegenseitigen Finanzierung von Netzwerken folgendes beachtet werden:

1. Genaue Abschätzung der Chancen und Risiken der Geschäftsidee - hierzu gehören Managementfähigkeiten, das Marktpotenzial, technologische Details und die Konkurrenzsituation.
2. Schaffung ausreichender Sicherheiten
3. Vertragliche Beteiligung des Kapitalnehmers an Verlusten
4. Vereinbarung und Beleg über konkrete Anschaffungen – keine Liquiditätsverbesserung ermöglichen!
5. Regelmäßiges und einheitliches Monitoring der Investitionen
6. Beschränkung und Kontrolle bei der Neuaufnahme von Krediten (Banken, andere Investoren).

⇨ So viele Informationen wie möglich einholen, auch Zulieferer, Partner und Abnehmer befragen.

Schaffung eines Beirates der die Netzwerkinvestitionen überwacht.

4.1.1 Einlagen- und Beteiligungsfinanzierung

Allgemein wird von Einlagen- und Beteiligungsfinanzierung gesprochen, sobald einem Unternehmen Eigenkapital in Form einer Kapitaleinlage oder -beteiligung zur Verfügung gestellt wird. Die Finanzierungsfunktion besteht darin, dass das Kapital in der Regel dauerhaft, unbefristet und ohne Tilgungsvereinbarung zur Verfügung gestellt wird.

Einlagen können in Form der Bar- (Geldeinlage), Sach- (Maschinen, Rohstoffe und Waren) oder Rechtseinlage (Patente, Lizenzen, Wertpapiere) erbracht werden. Die Kapitaleinlage wird bei Unternehmensgründung erbracht, kann aber auch im Zuge einer späteren Kapitalerhöhung eingelegt werden.

Wann wird durch Beteiligungen finanziert?

Unterschiedliche Entwicklungsphasen eines Unternehmens stellen aus Sicht der Kapitalgeber verschiedene Anforderungen an die Beteiligung:

Seed-Phase:	Finanzierung der Ausreifung und Umsetzung einer Idee in verwertbare Resultate. Vor allem Forschungsinvestitionen und Produktentwicklungsinvestitionen stehen im Vordergrund. Neben Kapital sind auch Erfahrungen der Netzwerkunternehmer gefragt.
Expansions-Phase:	Hier fließen die benötigten Mittel in die Ausweitung der Produktionskapazitäten, die Produktdiversifikation oder die Marktausweitung.
Industriebeteiligungen, Management-Buy-Out, Übernahmefinanzierung:	Bei einem Unternehmenskauf kommt es darauf an, dass das Unternehmen eine gesicherte Marktposition besitzt, über hohe Ertragskraft verfügt und in Zukunft einen geringen Investitionsbedarf besitzt.

Wer beteiligt sich?

Über Kapitaleinlagen können sich entweder bereits vorhandene Gesellschafter oder neue Gesellschafter an einem Unternehmen beteiligen. Folglich können die Einlagen von Eigentümern, Gesellschaftern und Mitarbeitern des eigenen Unternehmens oder aus unternehmensfremden Quellen stammen.

Die Einlagen können aus privaten Haushalten oder aus einem Betriebsvermögen stammen, d. h. die Beteiligten können private oder juristische Personen sein.

Bei der Finanzierung in und von Unternehmensnetzwerken ist, wie bereits erwähnt, die Rechtsform der Unternehmen entscheidend. Von ihr ist, neben dem Zugang zum Kapitalmarkt, die grundsätzliche Kapitalbeteiligungsfähigkeit des Unternehmens abhängig.

Zwischen *Einzelunternehmen* (Einzelkaufmann im Sinne des § 1 HBG), können wechselseitige Kapitalbeteiligungen nur über die wechselseitige Aufnahme stiller Gesellschafter zustande kommen. Die Finanzierung von Einzelunternehmen erfolgt primär durch das Privatvermögen des Eigentümers, nicht über Einlagen und Beteiligungen. Zwar kann sich ein Einzelkaufmann an einer anderen Personen- oder Kapitalgesellschaft beteiligen, umgekehrt ist dies eher unwahrscheinlich. *Personengesellschaften* (GbR, OHG, KG) können sich uneingeschränkt sowohl an anderen Personen- als auch an Kapitalgesellschaften beteiligen und sind damit uneingeschränkt beteiligungsfähig. Gleiches gilt für *Kapitalgesellschaften* (GmbH, AG, KGaA), sowie für die wichtigste zusammengesetzte Rechtsform (GmbH & Co. KG). Auch die EWIV ist uneingeschränkt kapitalbeteiligungsfähig. Entscheidende Unterschiede zwischen den hier genannten Rechtsformen bestehen in der Haftung der Gesellschafter, Geschäftsführer und Eigentümer sowie in der Steuerbelastung.

> Da es sich im Rahmen von Unternehmensnetzwerken vorwiegend um relativ kleine Transaktionen handelt und die Einbindung erfolgt, soll die klassische *stille Beteiligung* herausgegriffen werden.
>
> Sie ist eine nicht nach außen in Erscheinung tretende Innengesellschaft und ist grundsätzlich bei Unternehmen jeder Rechtsform möglich. Es gibt die *typische* und die *atypische stille* Gesellschaft. Bei Letzterer ist der Beteiligungsgeber nicht nur an Gewinn und Verlust des Unternehmens in Höhe seiner Einlage beteiligt, sondern er kann auch an den Vermögensgegenständen, insbesondere den stillen Reserven beteiligt werden.
>
> Die *typische* stille Beteiligung bietet die Möglichkeit, die auf die Beteiligung abfallenden Gewinnanteile als Betriebsausgaben abzusetzen.
>
> Außerdem hat sie den Vorteil, dass sie die Vertragsbeziehungen der Altgesellschafter nicht verändert.

Bei Unternehmensnetzwerken ist die netzwerkinterne Einlagen- und Beteiligungsfinanzierung interessant. Der folgende Abschnitte veranschaulicht, wie eine netzwerkinterne Einlagen- und Beteiligungsfinanzierung konkret ausgestaltet sein kann. Zudem wird geklärt, ob zusätzliche Einlagen- und Beteiligungsfinanzierungsmöglichkeiten durch die Teilnahme an einem Unternehmensnetzwerk entstehen.

Netzwerkinterne Möglichkeiten bei der Einlagen- und Beteiligungsfinanzierung

Wird den Netzwerkunternehmen aus netzwerkinternen Quellen Eigenkapital in Form von Kapitaleinlagen und -beteiligungen zugeführt, wird von netzwerkinterner Einlagen- und Beteiligungsfinanzierung gesprochen.

Als netzwerkinterne Quellen kommen netzwerkinterne Unternehmen (juristische Personen) sowie netzwerkinterne Privatpersonen, d.h. Eigentümer, Gesellschafter und Mitarbeiter anderer Netzwerkunternehmen infrage.

Bei der Anwendung interner Eigenfinanzierung entstehen ein- oder wechselseitige Kapitalbeteiligungen, die durch vertragliche Vereinbarungen begleitet werden können. Die Ausgestaltungsmöglichkeiten solcher wechselseitigen Kapitalbeteiligungen sind vielseitig.

Gründung einer netzwerkinternen Gesellschaft

Einerseits können sich die Netzwerkunternehmen direkt aneinander beteiligen, andererseits kann auch eine neue Gesellschaft auf Netzwerkebene gegründet werden, an der sich die einzelnen Netzwerkunternehmen beteiligen.

Die *Vorteile* einer gemeinsamen Gesellschaft sind:

- Es werden keine direkten (zwischen den Unternehmen) Kapitalbeteiligungen eingegangen.
- Ein höherer Grad der wirtschaftlichen Autonomie wird gewahrt, ohne auf die Vorteile des Unternehmensnetzwerks verzichten zu müssen.
- Das Risiko wird verringert.
  Sollte ein Netzwerkunternehmen in finanzielle Schieflage geraten, sind die Auswirkungen für die anderen Unternehmen geringer als bei einer direkten wechselseitigen Beteiligung.
- Netzwerkunternehmen müssen nicht formal beteiligungsfähig sein, so dass sich auch Einzelunternehmen (Einzelkaufmann im Sinne des § 1 HBG) am Unternehmensnetzwerk beteiligen können.

Wechselseitige Beteiligungen

Wechselseitige Beteiligungen bieten sich vor allem für KMU mit komplementären Kernkompetenzen an, um Wettbewerbsvorteile gegenüber Konkurrenten ausnutzen zu können. Daneben sind auch Unternehmensnetzwerke zwischen etablierten Großunternehmen und innovativen Kleinunternehmen im Rahmen von Ausgründungen und Neugründungen möglich.

Bei diesen so genannten *Corporate-Venturing-Kooperationen* finanziert ein großes Industrieunternehmen mehrere zueinander in Beziehung stehende junge Technologieunternehmen über Eigenkapitaleinlagen. Als Gegenleistung werden über vertragliche Vereinbarungen Verfügungs- und Mitbestimmungsrechte vereinbart.

Beispiel: Gründung einer Kapitalgesellschaft

Als Beispiel für netzwerkinterne Einlagen- und Beteiligungsfinanzierung soll ein Finanzierungsmodell durch gemeinsame Gründung einer Kapitalgesellschaft vorgestellt werden.

Den Ausgangspunkt bildet eine Kapitalbeteiligungsgesellschaft, die durch ein Unternehmensnetzwerk gegründet wird.

Diese wählt, wie sonst auch in einem Unternehmensnetzwerk üblich, neue Mitglieder (hier Unternehmen) aus und führt diese aktiv zusammen. Somit können durch Zusammenarbeit Synergiepotenziale ausgeschöpft und Wettbewerbsvorteile erreicht werden.

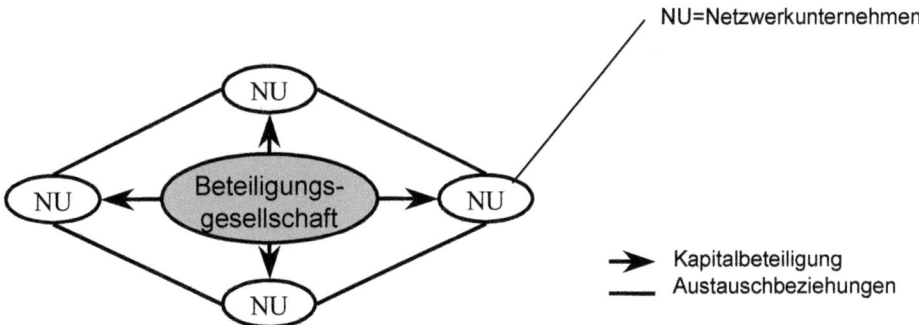

Bild 4: Finanzierungsmodell mit Kapitalbeteiligungsgesellschaft

Die Kapitalbeteiligungsgesellschaft übernimmt Kapitalgeberfunktion, kann aber auch aktiv im Management des gesamten Netzwerks mitwirken.

Für dieses Modell können sich mehrere *Vorteile* ergeben:

Erstens steigen bei positiver Netzwerkentwicklung die Unternehmenswerte und Renditen der einzelnen Netzwerkunternehmen und damit der Wert des Beteiligungsportfolios.

Zweitens partizipiert die Kapitalbeteiligungsgesellschaft an den Gewinnen des Unternehmensnetzwerks direkt, sofern Gewinnausschüttungen vereinbart sind, sowie indirekt, wenn die Gewinne einbehalten und für neue renditeversprechende Investitionen genutzt werden. Die Rentabilität des Gesamtportfolios der Kapitalbeteiligungsgesellschaft kann sich dadurch verbessern. Durch die gleichzeitige Beteiligung an mehreren Unternehmen, findet außerdem eine Risikodiversifikation statt. Dies wirkt sich auf netzwerkexterne Möglichkeiten aus.

Weitere Beispiele im Good-Practice-Anhang.

Netzwerkexterne Möglichkeiten bei der Einlagen- und Beteiligungsfinanzierung

In Abgrenzung zur netzwerkinternen Einlagen- und Beteiligungsfinanzierung können nur Organisationen und Privatpersonen netzwerkexterne Quellen sein, die nicht Teil des Unternehmensnetzwerks sind.

Sobald über die Beteiligung ein spürbarer Einfluss auf die Geschäftspolitik und Unternehmensstrategie ermöglicht wird und dieser Einfluss auch geltend gemacht wird, findet eine Integration des Kapitalgebers ins Unternehmensnetzwerk statt.

In diesem Fall handelt es sich um eine netzwerkinterne Einlagen- und Beteiligungsfinanzierung, denn die Organisation oder Person wird über ihren wirtschaftlichen Einfluss praktisch Mitglied im Unternehmensnetzwerk.

Für KMU-Netzwerke, ohne Zugang zum organisierten Kapitalmarkt, kommen als netzwerkexterne Quellen

- Kapitalbeteiligungs-, Venture-Capital- und Private-Equity-Gesellschaften,
- Privatpersonen,
- staatliche und andere Einrichtungen, die den Unternehmen Eigenkapital in Form von Subventionen und Fördermitteln zur Verfügung stellen und
- Business-Angels

infrage.

Vorteile für Netzwerkunternehmen

Im Bereich der externen Eigenkapitalakquisition verbessert sich durch die Teilnahme an einem Unternehmensnetzwerk die Verhandlungsbasis des einzelnen Netzwerkunternehmens gegenüber potenziellen Eigenkapitalgebern.

Eine vergrößerte Risikodiversifikation und die durch das Netzwerk entstehenden Wettbewerbsvorteile können gute Argumente in Beteiligungsverhandlungen sein.

Ein weiterer Vorteil bei der externen Eigenfinanzierung ist die Möglichkeit der unternehmensübergreifenden Bündelung von Beteiligungskapitalnachfragen.

Die Zielgruppe von Kapitalbeteiligungsgesellschaften sind Unternehmen mit guten Ertragsaussichten und guter Bonität, die jedoch Schwierigkeiten bei der Eigenkapitalbeschaffung haben.

Durch eine Bündelung der Nachfrage kann die kritische Kapitalmasse eher erreicht werden und auch das Interesse großer institutioneller Kapitalbeteiligungsgesellschaften (z.B. Publikumsfonds) geweckt werden.

Im Bereich der staatlichen (z.B. Bundesministerien, Fachministerien der Länder, Kommunen) und über-, halb- bzw. nichtstaatlichen (z. B. EU-Strukturförderung, KfW-Förderbank, Deutsche Ausgleichsbank) Subventionsfinanzierung haben Unternehmensnetzwerke großes Potenzial. Beispielsweise wurden 77 % der in einer Studie der Technischen Universität Chemnitz untersuchten Unternehmensnetzwerke durch staatliche Subventionen gefördert. Dies begründet sich in der verbreiteten Erkenntnis, dass in Deutschland KMU eine wichtige Säule der Gesamtwirtschaft sind und dass Unternehmensnetzwerke als geeignete Organisationsform für KMU und zur Stärkung strukturschwacher Regionen angesehen werden. Oft wird der Einzelförderung die Netzwerkförderung vorgezogen, weil dadurch mehrere Unternehmen gleichzeitig gefördert werden können und ein höherer gesellschaftlicher Nutzen im Rahmen der Regionalentwicklung erwartet wird.

4.1.2 Kreditfinanzierung

Im Unterschied zur Beteiligungsfinanzierung wird bei der Kreditfinanzierung das Kapital zeitlich befristet zur Verfügung gestellt. Vereinfachend wird hier zwischen lang- und kurzfristigen Krediten unterschieden.

Langfristige Kreditfinanzierungsformen sind im Wesentlichen:

- Schuldverschreibungen (Anleihen, Obligationen),
- Schuldscheindarlehen,
- langfristige Bankkredite und
- langfristige Darlehen von nicht institutionellen Kreditgebern.

Ausprägungen kurzfristiger Kreditfinanzierungsformen sind:

- Handelskredite,
- Kontokorrentkredite,
- Wechseldiskontkredite,
- Commercial Papers,
- Euronotes,
- Medium Term Notes,
- Lombardkredite und
- Kredite im Auslandsgeschäft.

Im Vergleich zur Einlagen- und Beteiligungsfinanzierung bestehen bei der Steuerbelastung Unterschiede.

Fremdkapitalzinsen sind bei der Ermittlung der Einkommens- bzw. der Körperschaftssteuer als Betriebsausgaben abziehbar.

Demgegenüber unterliegen sie auf Gläubigerseite der individuellen Gewinn- oder Einkommenssteuer, sowie gegebenenfalls der Zinsabschlagsteuer.

Die Finanzierungsalternativen müssen hinsichtlich steuerlicher Auswirkungen untersucht werden, da sich durch die unterschiedliche Besteuerung die Vorteilhaftigkeit der Finanzierungsalternativen verändern kann.

Bei der Kreditfinanzierung entstehen im Rahmen der netzwerkinternen Lieferungs- und Leistungsbeziehungen attraktive Möglichkeiten bei der gegenseitigen Gewährung von kurzfristigen Handelskrediten.

Auch bei langfristiger Kreditfinanzierung sind netzwerkinterne Möglichkeiten, wie die Gewährung langfristiger Darlehen, vorhanden.

Ebenso haben Unternehmensnetzwerke Auswirkungen auf die externe Kreditbeschaffung. So hat die Zusammenarbeit in einem Unternehmensnetzwerk positive Effekte auf die Risiko- und damit Bonitätseinstufung der einzelnen Netzwerkunternehmen.

Mit dem Argument, dass durch die Kooperation in einem Unternehmensnetzwerk eine Risikoteilung (z. B. bei der gemeinsamen Bearbeitung eines voluminösen Auftrages) stattfindet, kann eine geringere Risikoprämie ausgehandelt werden.

Bei der Kreditwürdigkeitsprüfung müssen neue Faktoren berücksichtigt werden. Auch die Instrumentarien der Kreditsicherung können über ein Unternehmensnetzwerk erweitert werden.

Bei der Kreditvergabe innerhalb von Unternehmensnetzwerken ist die Informationsbasis größer. Damit können bessere Kreditkonditionen vereinbart werden.

Trotzdem sollte eine grundsätzliche Kreditwürdigkeitsprüfung folgende Tatsachen berücksichtigen:

1. Analyse der Geschäftsfähigkeit aus Registereinträgen:

   - Wann wurde das Unternehmen gegründet?
   - Wer vertritt das Unternehmen?

2. Analyse der Rechtsform:

   - Welche Auswirkungen hat die Rechtsform auf die Kreditvergabe?
   - Wie sind die privaten Vermögensverhältnisse und lassen sich aus ihnen Rückschlüsse auf die Unternehmerqualität ziehen?
   - Welche steuerlichen Aspekte sind zu berücksichtigen?

⇨ Spätestens hier sollte eine Wirtschafts- oder Steuerberatung hinzugezogen werden!

3. Analyse der Geschäftsverträge:

   - Welche vertraglichen Vereinbarungen wurden getroffen (Gewinnverwendung, Nachschusspflichten, Bestellung eines Beirats, usw.)?
   - Ist die Unternehmensnachfolge geregelt?

Netzwerkinterne Möglichkeiten der Kreditfinanzierung

Von netzwerkinterner Kreditfinanzierung wird gesprochen, wenn sich Netzwerkunternehmen gegenseitig Kredite gewähren.

Dies kann neben der gegenseitigen Gewährung von kurzfristigen Waren- bzw. Lieferantenkrediten auch über die Gewährung langfristiger Finanzkredite stattfinden.

Grundsätzlich können fast alle bekannten Formen der Kreditfinanzierung netzwerkintern angewendet werden.

Einschränkungen sind allerdings im Bereich der von einem Kapitalmarkt oder einer Bank abhängigen Kreditformen zu machen.

Vorteile

Bei den möglichen Kreditfinanzierungsalternativen ist netzwerkintern ein relativ großer Gestaltungsspielraum vorhanden, vor allem bei der Ausgestaltung:

- der Tilgungsmodalitäten,
- der Zinsen und
- der Laufzeit.

Aufgrund eines netzwerkinternen Informationsvorteils können, wie bereits oben erwähnt, Kreditwürdigkeitsprüfungen innerhalb des Netzwerks genauer durchgeführt und geringere Kreditsicherheiten vereinbart werden. Dies führt letztendlich zu geringeren Risikoaufschlägen.

Die netzwerkinterne Kreditfinanzierung kann schnell und flexibel gestaltet werden und ist auch dann möglich, wenn netzwerkexterne Kreditgeber nur unter erschwerten Bedingungen, insbesondere unter erhöhten Kosten zur Kreditgewährung bereit sind.

Jedoch sollten sich die Kreditkonditionen immer am Markt orientieren, da eine zu exzessiv genutzte Quersubventionierung über realitätsfremde Kreditkonditionen zwischen den einzelnen Netzwerkunternehmen sich negativ auf die wirtschaftliche Entwicklung des ganzen Netzwerks auswirken kann.

Im Rahmen der internen Konzernfinanzierung wird in diesem Zusammenhang von dem *Arm's Length-Prinzip* gesprochen. Das bedeutet aber, dass die Kontrollmechanismen, wie Bonitätsbeurteilung und „Covenants" (=das Kreditgeschäft begleitende, zusätzliche Vereinbarungen), ausgereift sein müssen.

Langfristige Kreditfinanzierung am Beispiel Darlehen

Als netzwerkinterne langfristige Kreditfinanzierungsalternative bietet sich das Darlehen an.

Im Folgenden werden neben der grundsätzlichen Ausgestaltung auch bilanzwirksame und steuerliche Auswirkungen beschrieben.

Darlehensnehmer und Darlehensgeber sind zwei Netzwerkunternehmen, d. h. juristische Personen im Netzwerk, im Beispiel mit der Rechtsform einer GmbH. Die Netzwerkunternehmen sind nicht ein- oder wechselseitig über Kapitalbeteiligungen verbunden. Das Netzwerkunternehmen A (GmbH A) gewährt dem Netzwerkunternehmen B (GmbH B) ein Darlehen in Form finanzieller Mittel. Im Gegenzug verpflichtet sich B zur Zahlung des Darlehensentgelts (Zinsen) und zur Rückzahlung am Ende der vereinbarten Laufzeit.

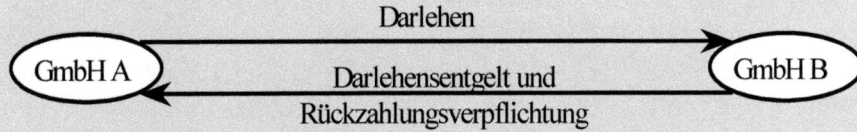

Bild 5: Netzwerkinternes Darlehen

Bilanz-Auswirkungen

In seiner Bilanz muss Unternehmen A das Darlehen nach § 266 Abs. 2 HGB als Finanzanlage aktivieren. Bei Unternehmen B erscheint der Darlehensbetrag nach § 266 Abs. 3 HGB als Verbindlichkeit auf der Passivseite der Bilanz. Bei Unternehmen A findet eine Bilanzverlängerung statt.

Steuerliche Auswirkungen bei Selbstfinanzierung

Die steuerlichen Auswirkungen sind von der Refinanzierung des Darlehens abhängig. Wird das Darlehen bei Unternehmen A aus eigenen liquiden Mitteln refinanziert, handelt es sich um einen Aktivtausch, bei dem der Bestand an liquiden Mitteln sinkt und eine Forderung an Unternehmen B entsteht. Der Einheitswert des Betriebsvermögens ändert sich bei Unternehmen A nicht, was zu keiner Erhöhung der Substanzsteuern führt.

Steuerliche Auswirkungen bei Fremdfinanzierung

Wird das Darlehen bei Unternehmen A durch eine Kreditaufnahme refinanziert, dann sind die fälligen Zinsen abzugsfähige Betriebsausgaben, was eine Verringerung der Steuerbemessungsgrundlage der Ertragssteuern bewirkt.

Der Empfang des Darlehensentgelts von Unternehmen B erhöht dagegen bei Unternehmen A die Steuerbemessungsgrundlage der Ertragssteuern. Bei Unternehmen B wird die Steuerbemessungsgrundlage kleiner.

Netzwerkeffekt

Es kann dann eine positive netzwerkinterne steuerlich bedingte Finanzierungswirkung erzielt werden, wenn das mit Unternehmen B vereinbarte Darlehensentgelt geringer ist, als der Aufwand für die Kreditaufnahme. Die vorteilhafte Anwendung dieses Finanzierungsmodells funktioniert also nur dann, wenn Unternehmen A am Geld- und Kapitalmarkt bessere Kreditkonditionen erzielen kann, als Unternehmen B und auch bereit ist diese besseren Kreditkonditionen netzwerkintern an das Unternehmen B weiterzugeben.

Kurzfristige Kreditfinanzierung

Zur netzwerkinternen Finanzierung über kurzfristige Kredite bieten sich die netzwerkinternen Austauschbeziehungen an.

Durch kooperative Lieferungs- und Leistungsbeziehungen entstehen vielfältige Finanzierungsmöglichkeiten, die über die des anonymen Marktes hinausgehen.

Beispiel Warenkredit

Als praxisrelevante kurzfristige netzwerkinterne Kreditfinanzierungsform dürfte die gegenseitige Gewährung von Warenkrediten in vertikalen Strukturen relevant sein. Hat ein Netzwerkunternehmen die Produkte, die ein anderes Netzwerkunternehmen für seine Produktion benötigt, auf Lager, können diese Warenbestände netzwerkintern in Form eines Warenkredits weitergegeben werden. Die Warenbestände sind damit an der Stelle im Unternehmensnetzwerk einsetzbar, an der sie zur Wertschöpfung gewinnbringend beitragen. Allerdings erhöht dies die Anforderungen an die Logistik.

Bilanz- und steuerliche Auswirkung

Durch den Abbau der Lagerbestände verringert der Kreditgeber sein Umlaufvermögen und erhöht seine Forderungen. In der Bilanz des Kreditgebers findet damit ein Aktivtausch statt.

Der Kreditnehmer erhöht seine Verbindlichkeiten. Die für den Kredit gezahlten Zinsen kann er steuerlich absetzen und damit die Steuerbemessungsgrundlage mindern.

Netzwerkeffekt

Dadurch kann der netzwerkexterne Beschaffungsvorgang zu diesem Zeitpunkt vermieden werden, was Zeit- aber auch Kostenvorteile nach sich zieht. Wird über die schnellere Lieferfähigkeit des Netzwerks der Kundennutzen erhöht, kann möglicherweise auch für die abgesetzten Produkte ein höherer Preis erzielt werden, von dem die beteiligten Netzwerkunternehmen profitieren können.

Weitere Möglichkeiten

Gegenseitige netzwerkinterne Kreditfinanzierung ist auch in Form von *Anzahlungen für noch nicht vollständig erbrachte Leistungen* möglich. Anzahlungen sind hauptsächlich dann üblich, wenn mit der Lieferung und Leistung ein erheblicher Kapitalbedarf verbunden ist und die Produktionszeit längerfristig angelegt ist und eine lange Kapitalbindungsfrist besteht. Über die geleistete Anzahlung wird die Leistung durch den Abnehmer vor Auslieferung vorfinanziert, sie dient der Mitfinanzierung der Herstellung.

Bei der Festlegung der Höhe der Anzahlungen sind die wirtschaftlichen Situationen der Partner zu berücksichtigen.

Auch über die gegenseitige Gewährung von *Kontokorrentkrediten* ist eine netzwerkinterne Kreditfinanzierung möglich. Netzwerkintern sind dabei tendenziell höhere Kontokorrentkreditlinien und niedrigere Zinsen möglich als netzwerkextern. Bei Kontokorrentkrediten werden Plus- und Minusbewegungen über die Verrechnung der wechselseitigen Ansprüche zu bestimmten Zeitpunkten saldiert, wobei nur der Saldo für die fälligen Zinsen rechtlich maßgebend ist.

Wichtiger Hinweis: Aufgrund der rechtlichen Sensibilität von Kreditgeschäften ist es vorteilhaft diese auf ihre Durchführbarkeit von der Bundesanstalt für Finanzdienstleistungsaufsicht überprüfen zu lassen.

4.1.3 Netzwerkinternes Kreditmanagementsystem

Über eine Kosten-Nutzen-Analyse ist zu prüfen, ob es ökonomisch sinnvoll ist, ein übergeordnetes Kreditmanagementsystem auf Netzwerkebene einzurichten, das die gegenseitige Gewährung von Krediten managt. Das Kreditmanagementsystem kann neben der Optimierung der netzwerkinternen auch für die Optimierung der netzwerkexternen Kreditfinanzierungsprozesse eingesetzt werden. Mit Hilfe des Kreditmanagementsystems können die Kapitalstruktur, die Finanzierungskosten sowie die Steuerbelastung der einzelnen Netzwerkunternehmen positiv beeinflusst werden.

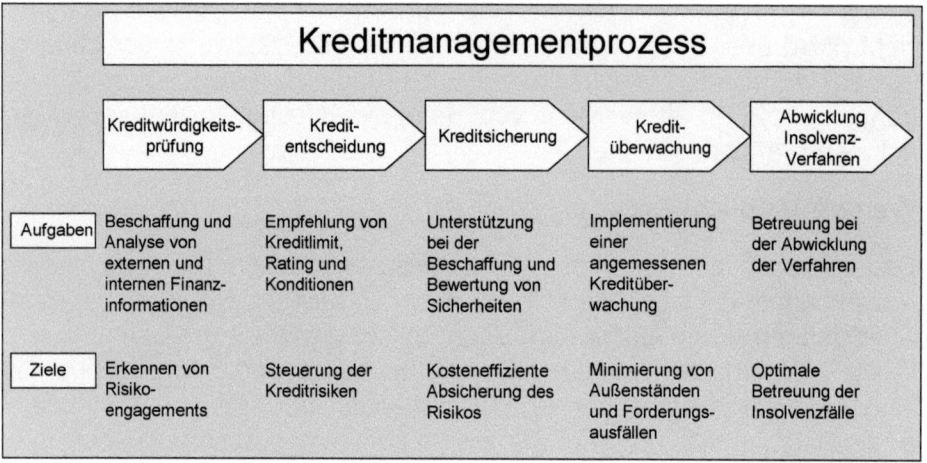

Bild 6: Kreditmanagementprozess

Auf dem Markt werden zahlreiche Softwarelösungen zur Unterstützung des Kreditmanagementprozesses angeboten.

Hier ein Beispiel, wie umfangreich ein Leistungspaket sein kann:

Kreditverwaltung Aktivseite

- Verwaltung der ausgegebenen Darlehen
- Schuldnerverwaltung

Kreditverwaltung Passivseite

- Verwaltung aufgenommener Kredite mit allen Kreditarten
- Konkrete Mandantenaufschlüsselung

• Automatischer Lastschrifteneinzug	• Einteilung der Kredite nach Mittelherkunft
• Weitere Tools siehe Passivseite	• Anwendung verschiedener Zinsberechnungsmethoden
	• Manuelle Anpassung des Schuldendienstes
	• Individuelle Konditionenanpassung während der Laufzeit
	• Buchung von Tilgung, Zinsen, Verwaltungskosten und Gebühren

Zusätzlich sollte eine umfangreiche Berichterstattung angeboten werden, wie zum Beispiel:

- tagesaktuelle Übersichten über Restschuldbestände und zukünftige Zins- und Tilgungszahlungen,
- verschiedene Finanzplanungen, Listen zu den Schuldenbewegungen, Zinszu- und -abflüsse,
- Zinsanpassungen und Kündigungsmöglichkeiten,
- Analyse der Zins- und Laufzeitstruktur,
- Simulation von Umschuldungen und Umstrukturierungen,
- Simulation von alternativen zukünftigen Zinsprognosen zur Darstellung der Liquiditätslage unter verschiedenen Zinsentwicklungen,
- individuelle Erstellung eigener Berichte.

Netzwerkexterne Möglichkeiten der Kreditfinanzierung

Es handelt sich um eine netzwerkexterne Kreditfinanzierung, sobald der Gläubiger *nicht* dem Unternehmensnetzwerk angehört.

Vorteile von Netzwerken

Eine Erhöhung der Kreditwürdigkeit des einzelnen Netzwerkunternehmens lässt sich durch die Teilnahme an einem Unternehmensnetzwerk begründen, da die Geschäftsaussichten des einzelnen Unternehmens verbessert werden.

Werden die genannten Wettbewerbsvorteile realisiert, steigen die Umsätze und die Erträge des Netzwerkunternehmens. Durch breitere Marktabdeckung, verbesserte Absatzmöglichkeiten und das gemeinsame Tragen von unternehmerischen Risiken, kann mithilfe eines Unternehmensnetzwerks die Sicherheit des gesamten Cashflows erhöht werden.

Verbesserte Zins- und Tilgungsfähigkeit

Dies hat Auswirkungen auf die Fähigkeit den vereinbarten Zins- und Tilgungszahlungen fristgerecht nachzukommen, d. h. die Kredittilgungsfähigkeit des einzelnen Netzwerkunternehmens kann verbessert werden.

Erhöhung der Kreditwürdigkeit und geringere Finanzierungskosten

Damit verringert sich gleichzeitig das Kreditausfallrisiko und die Kreditwürdigkeit des einzelnen Netzwerkunternehmens erhöht sich.

Da die Kreditkosten von der Höhe der Risikoprämie abhängig sind, können damit Kreditkosten eingespart werden. Aus anderer Perspektive kann die Verbesserung der Kreditwürdigkeit und die damit verbundene Erhöhung der Fremdfinanzierungsmöglichkeiten des einzelnen Unternehmens explizit als Zielsetzung von Kooperationen aufgefasst werden.

Verbesserte Kreditbesicherungsmöglichkeiten

Zusätzlich erhöhen sich in einem Unternehmensnetzwerk die Möglichkeiten der Kreditbesicherung.

In Unternehmensnetzwerken ist die verstärkte Nutzung von netzwerkinternen Fremdsicherheiten möglich, indem netzwerkexterne Kredite eines Netzwerkunternehmens netzwerkintern über Vermögenswerte eines anderen Netzwerkunternehmens abgesichert werden.

Als netzwerkinterne Fremdkreditsicherheiten kommen in diesem Zusammenhang hauptsächlich Grundpfandrechte, also Grundschulden und Hypotheken sowie Bürgschaften und Gewährleistungen infrage.

Beispiel

Ein Netzwerkunternehmen übernimmt eine Bürgschaft, Garantie oder Wechselsicherung für die Verbindlichkeiten eines anderen Netzwerkunternehmens. Zur Kreditsicherung können auch bewegliche Sachen und Rechte verpfändet werden.

Zusätzlich wird dann von der Sicherungsabtretung Gebrauch gemacht. Besitzt der Schuldner Rechte und Forderungen (z. B. Forderungen aus Lieferung und Leistung) werden im Rahmen der Sicherungsabtretung diese Forderungen an den Bürgenden abgetreten.

Die Weitergabe von Sicherheiten erhöht die Kreditfinanzierungsmöglichkeiten der Netzwerkunternehmen. Insgesamt lassen sich die Kreditsicherheiten unternehmensübergreifend effizienter einsetzen.

Größere Macht auf den Geldmärkten

Mithilfe eines unternehmensübergreifenden Kreditmanagements können Zeitpunkt, Art und Umfang der Kreditaufnahme und Kredittilgung optimiert werden.

Wird die Kreditfinanzierung unternehmensübergreifend gemanagt, dann ist es möglich einheitlich und bezogen auf die Kreditvolumina gewichtiger an den Geld- und Kapitalmärkten aufzutreten.

Die Verhandlungsposition gegenüber Kreditinstituten und anderen Marktteilnehmern wird somit gestärkt.

Analog dazu wird dieser Vorteil in Konzern- und Holdingstrukturen bereits aktiv genutzt. Die Bündelung der Kreditnachfrage aller Netzwerkunternehmen führt optimalerweise zu einer günstigeren und gezielteren Gestaltung der Fremdfinanzierung.

4.2 Kreditsubstitute

Mit dem Ziel neue Finanzierungsquellen für Unternehmensnetzwerke zu erschließen und die Finanzierung auf ein breiteres Fundament zu stellen, bieten sich ebenso Kreditsubstitute an. Die für den Mittelstand wichtigsten sind Factoring, Asset Backed Securities und Leasing.

Factoring

Unter Factoring versteht man den laufenden und langfristig vertraglich vereinbarten Verkauf von kurzfristigen Geldforderungen aus Warenlieferungen und Dienstleistungen. Dabei verkauft ein Unternehmen einer Factoringgesellschaft (Factor) Forderungen, die aus dem Umsatz- und Leistungsprozess entstehen. Gegen eine Gebühr (meistens im Form eines Abschlags beim Wert der Forderung) übernimmt die Factoringgesellschaft eine Finanzierungsfunktion, Dienstleistungsfunktion und beim echten Factoring auch eine Kreditsicherungsfunktion (Delkrederefunktion).

Vorteile des Factoring

Factoring verbessert

- die Liquidität durch den Abbau von Außenständen,
- die Bilanzoptik durch Aktivtausch von Forderungen mit Kassenbeständen,
- die Weitergabe des Forderungsausfallrisikos durch endgültigen Forderungsverkauf (beim echten Factoring),
- die Sach- und Personalkosten durch Auslagerung der Buchhaltung, des Mahn- und Inkassowesens, und die damit verbundene Möglichkeit zur Fokussierung auf die unternehmerischen Kernkompetenzen,
- die Konditionen zur Aufnahme von Eigen- und Fremdkapital.

Jedoch sollten die anfallenden Kosten des Factoring und der damit verbundenen Umstrukturierungskosten beachtet werden.

Forfaitierung

Ein dem Factoring ähnliches Finanzierungsinstrument ist die Forfaitierung. Dabei werden größere mittel- bis langfristige Forderungen aus dem Außenhandel über Wechsel refinanziert. Im Gegensatz zum Factor übernimmt der Forfaiteur meistens keine Dienstleistungsfunktionen.

Asset Backed Securities

Bei Asset Backed Securities (ABS) handelt es sich um durch Vermögenswerte (Asset) gedeckte (backed) Wertpapiere (Securities). Dazu werden umfangreiche Finanzaktiva, wie z. B. Forderungen aus Lieferung und Leistung, in Form eines Treuhandvermögens gepoolt, anschließend als Wertpapier verbrieft (Securitization) und hauptsächlich an institutionelle Anleger am Kapitalmarkt veräußert. Der Grundgedanke von ABS-Transaktionen (wie auch beim Factoring) liegt in der Abtretung bestimmter Vermögensobjekte (v. a. Forderungen) an eine Zweckgesellschaft, um die Bonität der Schuldner von der Bonität des Unternehmens abzukoppeln.

Vorteile von ABS-Transaktionen

- Da der Forderungsverkäufer den Verkaufserlös unmittelbar nach der Transaktion erhält, können diese Mittel sofort zur *Finanzierung weiteren Wachstums* oder der *Rückführung von Verbindlichkeiten* genutzt werden.
- Ein wesentlicher Vorteil liegt in der *günstigen Finanzierung* durch den Zugang zum Kapitalmarkt.

- ABS-Transaktionen stellen eine Alternative zu Bankkrediten oder zu eigenen Kapitalmarkttransaktionen dar.
- Als Ergänzung zu den herkömmlichen Finanzierungsquellen *erweitert der Forderungsverkauf den finanziellen Spielrau*m, ohne die bestehenden Kreditlinien zu belasten.
- Durch Verbriefungsinstrumente wird die bisher gebundene Liquidität freigesetzt.
- Der Zufluss kann im Sinne einer *Bilanzverkürzung* zur Rückführung bestehender Verbindlichkeiten, aber auch für Investitionen in neue Projekte und andere Finanzierungszwecke genutzt werden.
- Wird der Zufluss zur Rückführung von Verbindlichkeiten genutzt, verbessern sich verschiedene *Bilanzkennzahlen* und die *Bonitätseinstufung* kann verbessert werden.
- Wird die zusätzliche Liquidität für umsatzausweitende Investitionen genutzt, *steigt der Gewinn* ohne zusätzlichen Eigenkapitaleinsatz. Dadurch verbessern sich die *Rentabilitätskennzahlen*.

Die Forderungen müssen allerdings einen ständigen und bestimmbaren Zahlungsstrom nach sich ziehen, um Zins- und Tilgungsansprüche der Investoren bedienen zu können, dies kann unter Umständen ein „KO-Kriterium" für mittelständische Unternehmen darstellen.

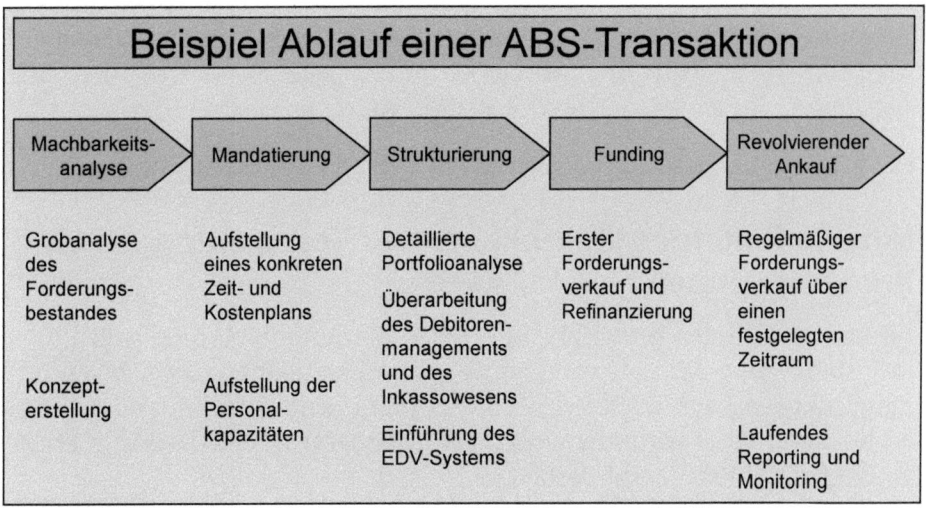

Bild 7: allgemeiner Ablauf einer ABS-Transaktion

Leasing

Allgemein wird unter Leasing die zeitlich befristete Nutzungsüberlassung eines Wirtschaftsgutes gegen Zahlung eines Entgelts verstanden.

Beim Leasing existiert eine Vielzahl verschiedener Vertragstypen. Die vertraglichen Regelungen des Leasings liegen in einem breiten Spektrum individueller Ausgestaltungsmöglichkeiten, die neben der einfachen Gebrauchsüberlassung auch z. B. Vereinbarungen über zusätzliche Service- und Wartungsdienstleitungen oder über Kauf- und Mietverlängerungsoptionen beinhalten können.

Vorteile des Leasing

- Durch Leasing werden hohe Anschaffungsausgaben eingespart und damit verbundene wirtschaftliche Risiken vermieden.
- Die Liquidität des Unternehmens kann verbessert werden.

Allerdings steht diesen Vorteilen die Verpflichtung zur periodischen Leistung von Leasingraten gegenüber. Leasingraten sind Betriebsausgaben und übersteigen in der Regel die absetzbaren Abschreibungen.

Neben den hier angeführten Aspekten, können zur Beurteilung der Vorteilhaftigkeit des Leasing nur bedingt generelle Aussagen getroffen werden. Als Konsequenz aus den vielen verschiedenen Vertragsgestaltungsmöglichkeiten muss vielmehr ein individueller Vorteilhaftigkeitsvergleich gegenüber dem Kauf durchgeführt werden. Dabei müssen im Idealfall alle Faktoren (z. B. Restwert, Abschreibungen, Verzinsung der Alternativinvestition, Steuereffekte) berücksichtigt werden.

Es sollte ein Vergleich der diskontierten Zahlungsströme stattfinden.

Netzwerkinterne Möglichkeiten der Finanzierung mittels Kreditsubstituten

Als netzwerkinterne Möglichkeit bei der Finanzierung mit Kreditsubstituten ist insbesondere das netzwerkinterne Leasing zu nennen. Die Gestaltungsmöglichkeiten beim netzwerkinternen Leasing sind vielfältig und vor dem Hintergrund einer vertrauensvollen und kooperativen Netzwerkbeziehung zu beiderseitigem Vorteil gestaltbar.

Bei einer Hersteller-Kunden-Beziehung im Unternehmensnetzwerk, wie dies beispielsweise in Supply-Chains regelmäßig vorkommt, ist das direkte Leasing eine sinnvolle Alternative zum Kauf .

In einer derartigen Konstellation erhöht der Leasinggeber seinen Produktabsatz dadurch, dass er seinen netzwerkinternen Kunden eine Alternative zum Kauf anbietet. Er finanziert seinen Produktabsatz, weil sich die Produktinvestition erst im Laufe des Leasingvertrages über die Leasingraten amortisiert.

Beispiel Kapazitätsengpässe:

Netzwerk Leasing ist dann sinnvoll, wenn ein Netzwerkunternehmen Kapazitätsengpässe und ein anderes Kapazitätsfreiräume hat.

Dabei müssen die benötigte und die vorhandene Kapazität in Art, Umfang und Qualität kompatibel sein, d. h. das Kapazitätsangebot muss der Kapazitätsnachfrage entsprechen. Besitzt Netzwerkunternehmen A eine ungenutzte Fertigungsanlage, kann B im Zuge eines Leasinggeschäftes die Anlage von A gegen Zahlung der vereinbarten Leasingraten für einen bestimmten Zeitraum leasen.

Beiderseits ergeben sich Finanzierungsvorteile:

- für A ergibt sich ein laufender Liquiditätszufluss, der für alternative Investitionen verwendet werden kann und
- B kann seine Liquidität schonen und das Investitionsrisiko verringern, da eine teure Neuanschaffung vermieden wird.

Die Nutzung der Kreditsubstitute Factoring und ABS sind nur möglich, wenn ein Unternehmen im Netzwerk vorhanden ist, das die dafür notwenigen Aufgaben übernimmt.

Dies ist aber in der deutschen Unternehmenspraxis eher unwahrscheinlich.

Jedoch existieren im internationalen Umfeld solche Konstellationen, hier sind japanische Keiretsu zu nennen.

Netzwerkintegrierte Finanzinstitute – Keiretsu

Keiretsu stellen in Japan eine typische Form der branchenübergreifenden Unternehmenskooperation dar.

Der strategische Kern eines Keiretsu besteht meistens aus einer Großbank, einem Generalhandels- und einem Industrieunternehmen. Zusammen mit 20 bis 30 anderen Geschäftspartnern unterschiedlicher Branchen bilden sie ein Unternehmensnetzwerk. Daneben werden auftragsspezifisch Subunternehmen miteinbezogen. Eine zentrale Stellung innerhalb des gesamten Netzwerks nimmt die Keiretsubank ein, weil sie die Mitglieder mit den notwendigen finanziellen Mitteln und Dienstleistungen versorgt und die Bürgschaft übernimmt.

Die gemeinsame Durchführung von:

- Investitionsvorhaben,
- der Fremdfinanzierung der Netzwerkunternehmen durch die Keiretsubank und Versicherungsunternehmen sowie
- „Überkreuz-Beteiligungen" auf der Basis von Minderheitsbeteiligungen sind typische Merkmale der Keiretsu.

In den Keiretsu können im Finanzbereich Größenvorteile genutzt werden, ohne bedeutende Markt- und Wettbewerbsvorteile zu hemmen. Finanzielle Größenvorteile entstehen bei der Kapitalbeschaffung, da in Japan sowohl lang- als auch kurzfristige Kredite in Abhängigkeit von der Betriebsgröße vergeben werden. Außerdem entstehen finanzielle Größenvorteile bei der gemeinsamen Finanzierung von Investitionen (z. B. Forschung und Entwicklungsinvestitionen) und der damit verbundenen Risikodiversifikation.

Speziell im Bereich der Kreditsubstitute kann die Keiretsubank als netzwerkinternes Finanzinstitut Forderungen aufkaufen.

Sie stellt sowohl die Zugangsmöglichkeiten zum Kapitalmarkt her als auch Know-how und personelle Ressourcen zur Verfügung.

Netzwerkexterne Möglichkeiten der Finanzierung mittels Kreditsubstituten

Durch die Kooperation in einem Unternehmensnetzwerk, speziell durch die Bündelung von Forderungen, sind Kreditsubstitute nutzbar.

Das Unternehmensnetzwerk dient dann vorwiegend zur Überwindung der ökonomischen Einstiegsbarrieren.

Die Einstiegsbarrieren bei der Nutzung von ABS sind:

- Ingangsetzungskosten,
- jährliche Kosten, die sich zusammensetzen aus:
  - Verwaltungskosten
  - Finanzierungskosten
  - Gebühren für Ratings und Investor-Reportings,
- und der Notwendigkeit hinreichend großer Forderungsportfolios .

Unternehmensnetzwerke sind in der Lage sich Kosten über geeignete Schlüsselgrößen, wie der Höhe des jeweiligen Forderungsportfolios, zu teilen.

Daraus ergeben sich, durch die Bündelung und Poolung der Forderungen, auch für kleinere Unternehmen Möglichkeiten zur Nutzung von ABS.

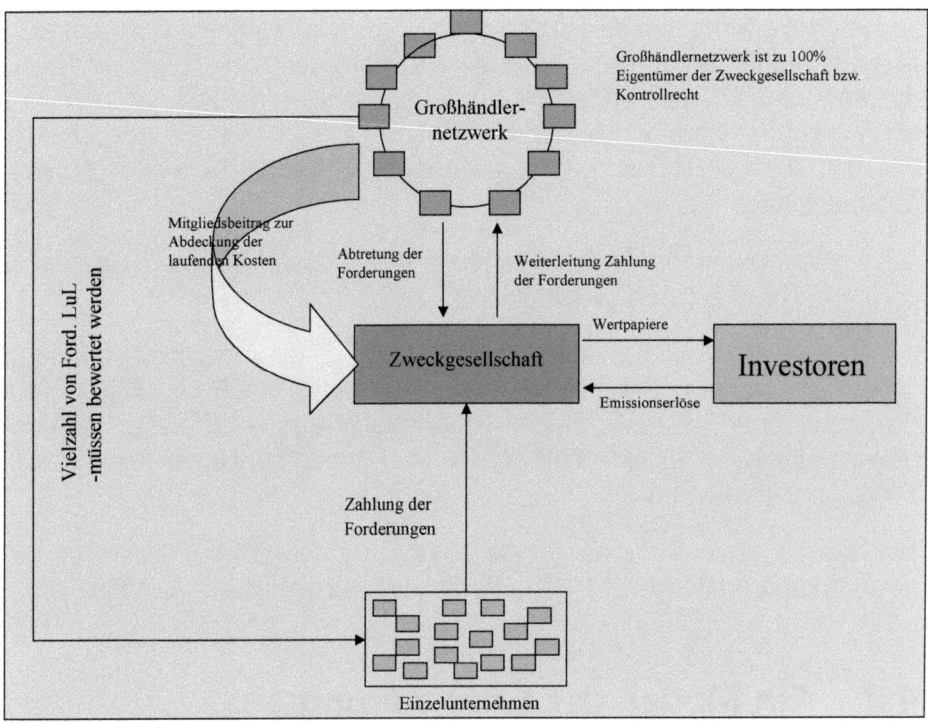

Bild 8: Beispiel einer ABS-Konstruktion für den Großhandel

Die ökonomischen Einstiegsbarrieren beim Factoring sind im Vergleich zu ABS-Transaktionen geringer. Der notwendige Aufwand für das Rating der Schuldner ist geringer.

Factoring bietet sich schon für relativ geringe Forderungsvolumina an, jedoch sollten die folgenden Punkte beachtet werden:

- es sollte sich bei den Abnehmern um gewerbliche Kunden handeln,
- der Debitorenbestand muss breit gestreut sein,
- die Zahlungsfristen sollten maximal 90 Tage betragen,
- die durchschnittliche Rechnungsgröße sollte bei 250 € liegen,
- es sollten keine Gegenforderungen existieren.

Besonders beliebt sind Branchen, deren Abnehmer über eine überdurchschnittliche Bonität verfügen, wie zum Beispiel die Automobilzulieferer oder Lieferanten des Großhandels.

Nicht alle Branchen bzw. Forderungen eignen sich für das Factoring. Ausgeschlossen werden häufig Forderungen mit Rückgaberechten oder Rechnungen an private Kunden. Bei Kunden aus dem Bau-, Handwerks- und Speditionsgewerbe und den Branchen, bei denen Streitigkeiten um erbrachte Leistungen tendenziell sehr oft vorkommen bzw. ein Nachweis der vollständigen Leistungserbringung nur schwer möglich ist, sind die Möglichkeiten stark eingeschränkt. Dies gilt auch für Grundgeschäfte aus dem Bereich Individual-Anfertigungen, Individual-Software, Projektgeschäfte, u. a..

Auch *Leasingverträge* sollten verstärkt mit netzwerkexternen Geschäftspartnern abgeschlossen werden.

Hier bieten sich vor allem bewegliche Güter an, die nicht netzwerkintern produziert werden. Beispielsweise können dies Fahrzeuge, Maschinen, Computer oder Telefone sein. Wird die Nachfrage nach diesen Leasingobjekten netzwerkübergreifend gebündelt, können günstigere Konditionen ausgehandelt werden.

Mit einer Kosten-Nutzen-Analyse sollte der zusätzliche Aufwand des netzwerkübergreifenden Managements und des erzielbaren Vorteiles überprüft werden.

4.3 Ein Modell der Finanzierung aus betrieblicher Altersvorsorge

Die betriebliche Altersvorsorge bietet gerade durch Bündelung in Netzwerken eine weitere innovative Finanzierungsquelle. Voraussetzung ist entweder die Gründung einer Unterstützungskasse oder der Anschluss an eine Gruppenunterstützungskasse. Diese selbständigen Versorgungseinrichtungen verwalten die monatlich eingezahlten Gelder.

Die Mitarbeiter verzichten auf einen Teil Ihres Gehalts und erhalten eine Kapitalrückzahlung im Rentenalter. Die Netzwerkunternehmen leisten ebenso eine Zuwendung an die Unterstützungskasse.

Dieses Geld wird den Netzwerkunternehmen von der Unterstützungskasse als Darlehen zur Verfügung gestellt.

Die Vorteile lassen sich wie folgt darstellen:

1. Die Netzwerkunternehmen profitieren vom Gehaltsverzicht der Mitarbeiter.
2. Der anteilige Betrag für Sozialversicherungen wird eingespart.
3. Es können Steuervorteile aus Gewinnreduktion genutzt werden.
4. Dadurch ergibt sich ein erheblicher Liquiditätseffekt.

20 Prozent der zugesagten Altersvorsorge, verteilt auf acht Jahre, dürfen der Unterstützungskasse zugewendet werden. Dies mindert in ertragreichen Jahren die Steuerlast und schafft bilanztechnischen Gestaltungsspielraum. Die Innenfinanzierungskraft der Netzwerkunternehmen steigt.

Die Zuwendungshöhe sollte dabei nicht höher sein als 50% des durchschnittlichen Gewinns der letzten Jahre. Die Verzinsung des von den Mitarbeitern gewährten Darlehens wird im Voraus vereinbart.

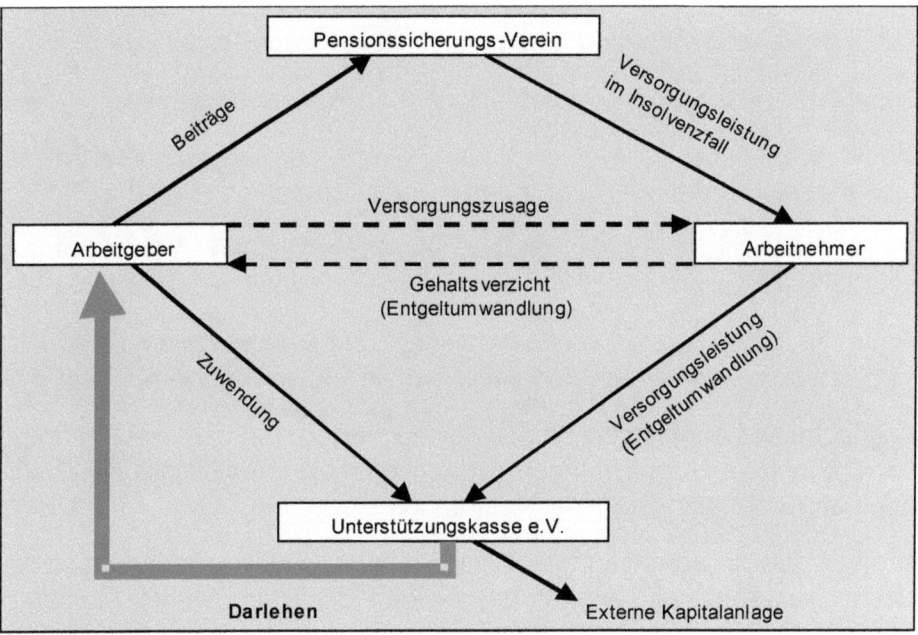

Bild 9: Modell Unterstützungskasse

Das Finanzierungsmodell Unterstützungskasse verlangt neben einem ausgereiften *Controlling* auch eine strikte *Finanz- und Liquiditätsplanung*, da die Zahlungsansprüche am Laufzeitende erfüllt werden müssen. Zusätzliche Sicherungen sind ebenfalls möglich.

Grundsätzlich ist diese Möglichkeit nur Unternehmen vorbehalten, die tatsächlich Gewinn erwirtschaften, denn sie basiert auf dem Vertrauen der Mitarbeiter in das jeweilige Unternehmensnetzwerk.

4.4 Franchising

Da für eine Reihe von Unternehmensnetzwerken die zentrale Vertriebsfunktion des Netzwerkmanagements im Vordergrund steht, bietet Franchising eine geeignete Finanzierungsmöglichkeit. Hierbei agiert eine gemeinsam gegründete Vertriebsgesellschaft formal als *Franchisegeber* und die Netzwerkunternehmen als *Franchisenehmer*.

Im Allgemeinen bezeichnet Franchising eine besondere Form der absatzwirtschaftlichen Kooperation, bei der ein Franchisegeber einer größeren Zahl von Franchisenehmern den Vertrieb der Erzeugnisse überträgt.

Dabei leistet der Franchisegeber Absatz- und Finanzierungshilfe.

Der Franchisegeber stellt einen Namen, eine Marke oder andere Schutzrechte sowie bestimmte Ausstattungen zur Verfügung.

Darüber hinaus erhält der Franchisenehmer Unterstützung bei der Werbung in organisatorischer, schulungs- und finanzierungsmäßiger Hinsicht.

Sogar die Überlassung von Sachanlagen und immateriellen Gütern ist eingeschlossen. Es handelt sich dabei um ein Dauerschuldverhältnis.

Angesichts der langfristigen Bindung beider Parteien bringen diese Verträge auch besondere Verpflichtungen mit sich, so muss zum Beispiel die Kündigung aus wichtigem Grund jederzeit möglich sein.

Grundsätzlich müssen Franchiseverträge den individuellen Bedürfnissen des Netzwerkes angepasst werden, sie werden dann im Betriebshandbuch aufgenommen.

Ein möglicher Leistungsumfang wird hier beispielhaft dargestellt:

Leistungen des Franchisenehmers:

1. Verkauf der Ware oder der Dienstleistung
2. regionales Standortmarketing bzw. standortindividuelle Strategie
3. regionale Werbung
4. Mitarbeitersuche und –auswahl
5. Information an Franchisegeber, gegebenenfalls Know-How Transfer
6. Mitwirkung in Gremien
7. Teilnahme an Trainings

Anfangsleistungen des Franchisegebers:

1. Marke
2. Standortanalyse
3. Finanzierungsberatung
4. Rentabilitätsrechnung
5. Ladenbau und –ausgestaltung
6. Einführungstraining
7. Handbucherstellung

Laufende Leistungen des Franchisegebers:

1. Vorgabe der Systemziele
2. Mitwirkung bei Strategieentwicklung
3. Vertriebscontrolling
4. Betriebsvergleiche
5. Ausarbeitung und Durchführung überregionaler Werbekonzepte
6. Markenentwicklung und –pflege
7. Training
8. Handbuchaktualisierung

Kosten des Franchising

In Unternehmensnetzwerken sollten die Leistungen des Franchisegebers transparent sein, sodass eine *„Partnership for Profit"* gewährleistet ist.

In der Praxis haben sich zwei Entgeltsysteme etabliert, das *direkte* und das *indirekte*.

Das direkte Entgeltsystem beschreibt Geldleistungen (Franchisegebühren), während das indirekte über Warenbezugsverpflichtungen finanziert wird.

Für Netzwerke eignet sich in der Regel allerdings das direkte, da die Waren/Dienstleistungen ja von den Netzwerkunternehmen erstellt/erbracht werden. Zusätzlich sind die erbrachten Leistungen klar messbar und jederzeit vergleichbar.

Neben einer möglichen Einstiegsgebühr ist zur Finanzierung eine periodisch fixe oder umsatzabhängige Gebühr zu entrichten

Bei der umsatzabhängigen Gebühr ist zu beachten, dass ausschließlich diejenigen Umsätze als Bemessungsgrundlage herangezogen werden, die über das Netzwerk erbracht worden sind.

Um zusätzlich Anreize zu schaffen, ist es einerseits möglich einen prozentualen Teil des auftragsbezogenen Umsatzes direkt an das akquirierende Unternehmen zu vergüten oder andererseits die Franchisegebühr ab einer bestimmten Umsatzhöhe zu senken.

Finanzwirtschaftlich ist ein netzwerkinternes Franchisesystem von großem Vorteil, da die Finanzierung des Netzwerkmanagements klar geregelt ist. Im Gegenzug sind die erbrachten Leistungen transparent und können gebündelt werden.

Dies reduziert hohe Anschaffungskosten auf Unternehmerseite, die durch eine periodisch zu erbringende Zahlung klar kalkulierbar sind.

4.5 Innenfinanzierungsmöglichkeiten

Zur Innenfinanzierung werden über den Umsatz- und Leistungsprozess oder über sonstige Geldfreisetzungsprozesse (z. B. Rationalisierungsmaßnahmen) gebundene Mittel mithilfe eines Desinvestitionsvorgangs in liquide Mittel umgewandelt.

Oft wird die Innenfinanzierung mit Begriffen wie Finanzierung aus Umsatzerlösen, Finanzierung aus dem Cashflow oder Überschussfinanzierung gleichgesetzt.

Bei diesen Begriffen wird allerdings nicht direkt deutlich, dass unter Innenfinanzierung auch alle sonstigen finanzwirtschaftlichen Maßnahmen verstanden werden, die Mittel freisetzen.

Der Innenfinanzierungsbegriff in Unternehmensnetzwerken muss (analog zur Innenfinanzierung in Konzernen) erweitert werden, um nicht nur *unternehmensinterne* sondern auch *netzwerkinterne* Finanzierungsmöglichkeiten berücksichtigen zu können.

Da Unternehmensnetzwerke keinen gemeinsamen Jahresabschluss erstellen, ist bilanztechnisch keine Innenfinanzierung auf Netzwerkebene möglich.

Aber bei Betrachtung der Zahlungsströme werden die Finanzierungsmöglichkeiten deutlich.

In diesem Zusammenhang müssen auch Maßnahmen des unternehmensübergreifenden Finanzmanagements berücksichtigt werden, wenn beispielsweise über ein effizientes *Cash-Management-System* liquide Mittel eingespart werden können.

4.5.1 Selbstfinanzierung in Unternehmensnetzwerken

Unter Selbstfinanzierung wird die Finanzierung aus erwirtschafteten und einbehaltenen Gewinnen aus dem Umsatz- und Leistungsprozess des Unternehmens verstanden.

Damit die Gewinne zur Selbstfinanzierung des Unternehmens verwendbar sind, werden erwirtschaftete Gewinne nicht ausgeschüttet, sondern verbleiben im Unternehmen oder werden an das Unternehmensnetzwerk zum Beispiel in Form eines Mitgliedsbeitrages steuerneutral weitergegeben.

Unternehmensintern kann zwischen offener und stiller Selbstfinanzierung unterschieden werden. Offene Selbstfinanzierung liegt dann vor, wenn versteuerte Gewinne nicht ausgeschüttet und offen in der Bilanz ausgewiesen werden. Bei der stillen Selbstfinanzierung werden einbehaltene Gewinne nicht offen in der Bilanz ausgewiesen, sondern durch Unterbewertung von Aktivposten bzw. Überbewertung von Passivposten als stille Reserven im Unternehmen gebunden.

Die Selbstfinanzierung wird von Unternehmen bevorzugt zur Finanzierung ihres weiteren Wachstums angewendet.

Auf Netzwerkebene werde die Mittel genutzt, um ein externes Netzwerkmanagement zu bezahlen.

Vorteile der Selbstfinanzierung

Durch die Selbstfinanzierung wird gegenüber der Außenfinanzierung die Unabhängigkeit des Unternehmensnetzwerkes gegenüber Dritten gewahrt, da keine Mitspracherechte geschaffen werden.

Außerdem entfallen Verpflichtungen wie Zins- und Tilgungszahlungen.

Das Netzwerkmanagement sollte über die Mittel allerdings nur mit einer abgestimmten Zweckbindung verfügen können.

Die Selbstfinanzierung verlagert Teile der Liquidität auf die Netzwerkebene, diese werden zwar dem Unternehmen entzogen, müssen dann aber wieder im Sinne der Kooperation genutzt werden. Das heißt, dass entweder administrative Ausgaben getätigt oder Dienstleistungen für die Netzwerkunternehmen erbracht werden.

Die Selbstfinanzierung erhöht die Eigenkapitalbasis, trägt damit zur Verringerung der Krisenanfälligkeit bei.

Die getätigten Ausgaben sollten aber mit Marktkonditionen verglichen werden, meist ist dies der Fall, da das Netzwerkmanagement auf „Nonprofit-Basis" agiert.

Bei gemeinsamen Investitionen sollte auf jeden Fall ein *Rentabilitätsvergleich* zu externen Renditemöglichkeiten stattfinden. Hier sollten auch die Steuervorteile einer anteiligen Fremdfinanzierung mit einbezogen werden.

Bei einem gewinnabhängigen Mitgliedsbeitrag besteht die Gefahr, dass durch stille Reserven in den Unternehmen die Beiträge ungleichmäßig ausfallen.

⇨ Deshalb wird oft ein *fester* oder *umsatzabhängiger* Beitrag erhoben.

Die Frage warum das Unternehmen den Auftrag nicht alleine bearbeitet und den ganzen Gewinn für sich behält ist damit zu beantworten, dass oft:

- die individuelle Leistungsfähigkeit,
- die Kompetenz,
- das Know-how und
- die Risikoträgfähigkeit

des Einzelunternehmens überschritten wird.

Zusätzlich ist es aber sinnvoll, finanzielle Anreize für die netzwerkübergreifende Auftragsakquise zu schaffen.

In der Regel sind durch kooperative Zusammenarbeit die Einsparungen von *Transaktionskosten* größer als die Kosten eines Netzwerkmanagements.

Als Transaktionskosten werden überwiegend Such- und Informationskosten verstanden. Durch die klare Festlegung der Kooperationspartner in einem Netzwerk entfällt ein Teil dieser Kosten.

> Folgende Kosten fallen unter die Transaktionskosten:
>
> - Informationsbeschaffungskosten
>   (z. B. Recherchedienst, Zeitungen)
> - Gebühren, die bei der Transaktion anfallen (z.B. Maklercourtage)
> - Geschäftsabwicklungskosten (z. B. Transportkosten)
> - Der Aufwand, der mit der Überprüfung der Transaktion verbunden ist (z. B. Abnahme eines Gewerkes)
>
> Konkreter versteht man unter Transaktionskosten:
>
> - Such-,
> - Anbahnungs-,
> - Informations-,
> - Zurechnungs-,
> - Verhandlungs-,
> - Entscheidungs-,
> - Vereinbarungs-,
> - Abwicklungs-,
> - Absicherungs-,
> - Durchsetzungs-,
> - Kontroll-,
> - Anpassungs- und
> - Beendigungskosten.

In der Praxis ist es allerdings schwierig Transaktionskosten zu bestimmen. Nach Erfahrungen von Netzwerken im Baugewerbe liegen die Einsparungen zwischen fünf und zwanzig Prozent. Dieser Betrag sollte sich bereits von Anfang an in den Beiträgen der Mitglieder zur Finanzierung einer Koordinationsstelle widerspiegeln.

4.5.2 Finanzierung durch sonstige Kapitalfreisetzungen (Cash-Management)

Bei der Finanzierung von Unternehmensnetzwerken durch sonstige Kapitalfreisetzungen kommt dem *Cash-Management* eine bedeutende Rolle zu.

In vielen Unternehmen liegen ungenutzte Liquiditätsreserven. Während ein Unternehmen teures Fremdkapital leihen muss, werden anderenorts Liquiditätsreserven niedrig verzinst angelegt.

Dieses Potenzial können Unternehmensnetzwerke nutzen. Um diese offensichtlichen Ineffizienzen zu beseitigen, stellt das Cash-Management ein innovatives und ständig an Bedeutung gewinnendes Finanzierungsinstrument dar.

Cash-Management-Systeme dienen der unternehmensübergreifenden Optimierung des Einsatzes liquider Mittel zur Finanzierung der Geschäftstätigkeit. Zielsetzung derartiger Systeme ist die unternehmensübergreifende Konzentration und der bedarfspezifische Einsatz liquider Mittel, wodurch eine Reduzierung der Fremdfinanzierungskosten angestrebt wird.

Außerdem wird angestrebt, die ständige Zahlungsfähigkeit zu gewährleisten, die Rentabilität zu erhöhen und Risiken zu minimieren. Dafür wird versucht, die Kosten der Kassenhaltung, des Zahlungsverkehrs und für kurzfristige Kredite zu minimieren und den Ertrag aller Finanzanlagen zu maximieren.

Die im Rahmen des Cash-Managements finanzierungswirksamen Aktivitäten sind das Cash-Pooling und das Cash-Netting.

Cash-Pooling

Cash-Pooling bezeichnet die automatische Konsolidierung der Saldi mehrerer Zahlungsverkehrskonten gegenüber einem Zielkonto, wodurch hohe Zinskosten durch den Ausgleich von Negativsaldi durch Positivsaldi vermieden werden.

Voraussetzung ist die Einrichtung eines Pooling-Kontos, in dass Überschüsse eingezahlt werden um dann die Auszahlungen auszugleichen. Diese Vorgehensweise wird als *effektives Cash-Pooling* bezeichnet.

Für Unternehmensnetzwerke bietet sich eher ein *fiktives Cash-Pooling* an, da hier die Kontoguthaben bei den Netzwerkmitgliedern verbleiben. Es wird dann ein Gesamtsaldo aus Soll- und Habenzinsen gebildet, welches das Finanzergebnis optimiert.

Dies setzt aber voraus, dass das Unternehmensnetzwerk Kapital in gemeinsamen Gesellschaften bündelt und diese am Kapitalmarkt auftreten, um günstige Finanzierungskosten zu realisieren.

> **Beispiel Cash-Pooling**
>
> - Gesellschaft A hat Guthaben 1000
> - Gesellschaft B hat Negativsaldo 800
>
> Bei Saldierung würde nur eine Verzinsung aus dem saldiertem Guthaben 200 bestehen.
>
> Problem 1: Wer erhält von der Bank diese Guthabenzinsen gutgeschrieben?
> (Beziehungsweise: Wer trägt Sollzinsen?)
>
> Problem 2: Durch Saldierung würde ein weniger verzinsliches Gesamtguthaben entstehen als das isolierte Guthaben bei A
>
> Lösungsmöglichkeit:
>
> Die Zinsen werden netzwerkintern verrechnet. Da der Anlagezinssatz von A in der Regel geringer ist als der Verschuldungszinssatz von B gibt es zwei Möglichkeiten:
>
> 1. B leistet den verbleibenden Kapitaldienst an A zu einem netzwerkinternen Zinssatz zwischen Verschuldungs- und Anlagezinssatz.
> 2. B leistet an A den Anlagezinssatz und der Restbetrag fließt auf ein Netzwerkkonto, als Aufwandsentschädigung

Cash-Netting

Cash-Netting ist ein Instrument zur Verringerung der effektiven Zahlungsströme, wobei Forderungen und Verbindlichkeiten periodisch verrechnet werden. Mithilfe der periodischen Ab- und Verrechnung von Lieferungen und Leistungen über eigene Finanzkonten können die Umsätze und damit Kosten für externe Bankkonten reduziert werden.

Cash-Netting ist vor allem für Netzwerke interessant, die untereinander Produkte handeln und Dienstleistungen erbringen.

Cash-Netting mit Hilfe von Finanzinstituten:

In der Regel bieten Banken und Finanzdienstleister diesen Service für Unternehmensgruppen an. Ziel ist es die internen Zahlungsströme schlank und effizient zu gestalten.

Hierzu wird ein „Netting-Center" eingerichtet, dass die Zahlungsströme einer Periode auffängt und anschließend die Spitzenbeträge ausgleicht.

Hierzu ist es notwendig, dass die teilnehmenden Unternehmen interne Regelungen vereinbaren, die Ausgestaltung und Konsequenzen des Nettings festlegen.

Danach werden

- die Organisation der IT Infrastruktur,
- die Kommunikationsmöglichkeiten,
- die Definition der Nettingteilnehmer und
- die Nettingmethode, ob Forderungen oder Verbindlichkeiten aufgerechnet werden,

auf die Bedürfnisse der Netzwerkunternehmen abgestimmt.

Teilnehmer eines Netting-Prozesses sind:

- das Netting-Center, hier eine übergeordnete Finanzabteilung
- die Netzwerkunternehmen
- Banken für die Abwicklung des Zahlungsverkehrs

In Unternehmensnetzwerken können mit Hilfe des Cash-Nettings zusätzliche Transaktionskosten eingespart werden, deren Gegenwerte für die Finanzierung der wirtschaftlichen Kernaktivität eingesetzt werden können.

Daneben umfassen moderne Cash-Managementsysteme noch Anwendungen wie:

- Balance Reporting (elektronischer Kontoauszug),
- Money Transfer (elektronische Zahlungsverkehrsabwicklung) und
- stellen Informationsdienste (Marktinformationen und Marktanalysen) zur Verfügung.

Grundsätzlich ist in Unternehmensnetzwerken die Anwendung der Instrumente des Cash-Managements möglich. Allerdings muss für deren effiziente Nutzung eine Institution geschaffen werden, die die notwendigen Planungs-, Steuerungs- und Kontrollaufgaben übernimmt. Im Rahmen der praktischen Ausgestaltung in Unternehmensnetzwerken müssen sowohl die Kompetenzen und Befugnisse dieser Cash-Management-Institution festgelegt werden, als auch die Rechte und Pflichten der einzelnen Netzwerkunternehmen definiert werden.

Die Einrichtung und effiziente Nutzung eines Cash-Management-Systems ist nur möglich, wenn die Netzwerkunternehmen zumindest Teile ihrer wirtschaftlichen Entscheidungsautonomie (zumindest im Bereich des Cash-Poolings) über Liquiditätsreserven an eine übergeordnete Institution abgeben.

Für die Anwendung eines Cash-Netting-Systems ist es dagegen notwendig, die Unternehmen in ihrer Entscheidungsautonomie einzuschränken, da hier nur die netzwerkinternen Austauschbeziehungen aus Lieferung und Leistung betroffen sind.

1 Good Practice
VirtuellBau Holding AG, St. Gallen

Ein Unternehmensnetzwerk der Praxis, das eine Form der netzwerkinternen Einlagen- und Beteiligungsfinanzierung anwendet, ist das Netzwerk der VirtuellBau Holding AG, St. Gallen, Schweiz (VBHAG). In diesem Unternehmensnetzwerk kommen die netzwerkinterne Außenfinanzierung in Form der Einlagen- und Beteiligungsfinanzierung, sowie die netzwerkinterne Innenfinanzierung, insbesondere die Selbstfinanzierung, zum Einsatz.

Das bei der VBHAG angewendete Finanzierungsmodell der netzwerkinternen Einlagen- und Beteiligungsfinanzierung, wird im Folgenden kurz beschrieben:

Grundlage für die Entstehung des Netzwerks der VirtuellBau Holding AG war die Erkenntnis, dass im gesamten Bauprozess, vorwiegend in der Zusammenarbeit zwischen einzelnen Handwerkern, Optimierungspotenzial vorhanden ist. Um den Bauprozess effizienter zu gestalten, Transaktionskosten einzusparen und im harten Preiswettbewerb bestehen zu können, schlossen sich ab 1997 in der Region St. Gallen (Schweiz) sukzessive Handwerker unterschiedlicher Gewerke zu dem VB-Unternehmensnetzwerk zusammen. Die VirtuellBau entwickelte die Geschäftsstrategie, Neu- und Umbauleistungen aus einer Hand unter Einhaltung eines vorab definierten Kostendaches anzubieten, das noch unter dem allgemeinen Marktpreis liegt.

Durch effizientere Zusammenarbeit, bessere Kommunikation, höhere Motivation und Vertrauen zwischen den Handwerksunternehmen können Kosten eingespart werden. Die eingesparten Kosten können zum Teil an den Kunden und über die höhere Gewinnmarge an die Handwerksunternehmen weitergegeben werden. Es kommt folglich zu einer Win-Win-Situation von der sowohl die Kunden als auch die Handwerksunternehmen profitieren. Die VB hat mittlerweile nationale Ausdehnung erreicht, es sind etwa 1.200 Handwerker angeschlossen und 120 Lehrlinge werden ausgebildet. Etwa 120 Subunternehmen arbeiten mit Mitgliedern der VB zusammen.

Um der ständigen Expansion auch organisatorische Unterstützung zu bieten, wurde auf Netzwerkebene die VBHAG als übergeordnete Organisation des Unternehmensnetzwerks gegründet. Die VBHAG hat die Rechtsform einer Aktiengesellschaft, mit vollständig einbezahltem Grundkapital in Höhe von 100.000 CHF, das zu 95% im Besitz der Gründungsunternehmen liegt. Die restlichen 5% werden durch Personen mit zusätzlich nötigen Kernkompetenzen (Rechtsanwalt, Treuhänder, Unternehmensberater und Ausbildungsleiter) gehalten. Eine Ebene darunter existieren in den einzelnen Marktregionen acht Gesellschaften mit beschränkter Haftung (GmbH) mit Stammkapital in Höhe von 20.000 CHF, an denen die VBHAG mit jeweils mehr als 50% (Mehrheitsbeteiligung) beteiligt ist. Die einzelnen Handwerksfirmen sind mit einem Kapitalanteil von jeweils 1.000 CHF an den Regionalgesellschaften beteiligt.

Damit ergibt sich die unten dargestellte Organisationsstruktur des VirtuellBau-Unternehmensnetzwerks. Die Pfeile kennzeichnen die Richtung der Kapitalbeteiligungen. Die Netzwerkebene ist grau eingefärbt, die Unternehmensebene weiß. Die einzelnen Netzwerkunternehmen (NU), sind Handwerksfirmen der entsprechenden Regionen.

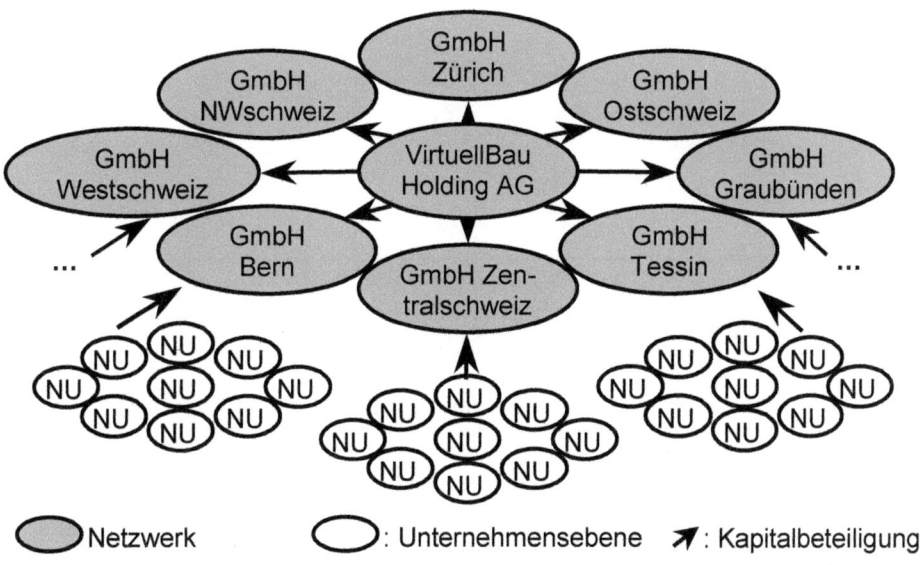

Bild 10: Aufbau des VirtuellBau-Unternehmensnetzwerkes

Neben den Kapitalbeteiligungen schließen die Netzwerkunternehmen mit der VBHAG einen Franchise-Vertrag ab. In diesem Vertrag ist die Nutzung der Marke, die Marketingunterstützung, der Zugriff auf die gemeinsame Internetplattform und die Unterstützung bei der gesamten Auftragsabwicklung und -abrechnung geregelt.

Untereinander schließen die Netzwerkunternehmen keine Verträge ab. Gegenüber dem Kunden tritt die VirtuellBau als Auftragnehmer in Erscheinung. Der Kunde schließt bei der Auftragsvergabe einen Werkvertrag mit der entsprechenden Regionalgesellschaft ab.

Die Netzwerkebene des Unternehmensnetzwerks, finanziert sich aus den Kapitaleinlagen der Handwerksunternehmen. Des Weiteren leisten die beteiligten Handwerksunternehmen einen jährlichen Mitgliedsbeitrag in Höhe von 4.000 CHF, der zur einen Hälfte an die entsprechenden Regionalgesellschaften und zur anderen Hälfte an die Holdinggesellschaft fließt. Daneben wird über eine Umsatzbeteiligung finanziert, was aber der Innenfinanzierung zugeordnet wird. Bei der VBHAG handelt es sich um eine sehr schlanke Organisation, die weder eigenes Personal beschäftigt, noch Anlagevermögen besitzt.

Die Gesellschaften der Netzwerkebene verstehen sich als *Non-Profit-Organisationen*, die den einzelnen Netzwerkunternehmen sowie externen Kunden Dienstleistungen anbieten. Die Gewinne sollen in den einzelnen Netzwerkunternehmen, d. h. den Handwerksunternehmen erwirtschaftet werden, nicht auf Netzwerkebene. Die im Netzwerk vorliegenden Kapitalbeteiligungen sind anhand zweier Regionalgesellschaften beispielhaft dargestellt.

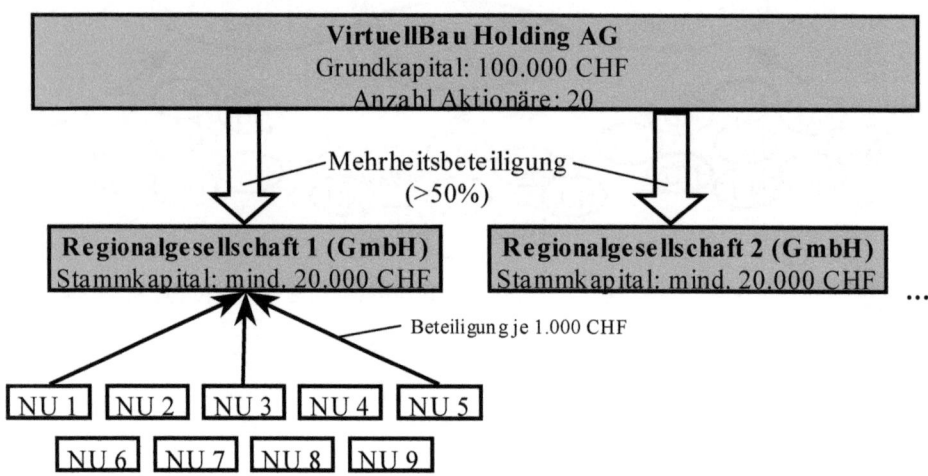

Bild 11: Beteiligungsstruktur im VirtuellBau-Unternehmensnetzwerk

An den Regionalgesellschaften mit Stammkapital in Höhe von 20.000 CHF können allerdings nur neun (9 * 1.000 CHF = 9.000 CHF) Handwerksunternehmen beteiligt werden, ohne dass die Holdinggesellschaft ihre Mehrheitsbeteiligung verliert. Sobald in einer Region mehr als neun Netzwerkunternehmen beteiligt werden sollen, muss in der Regionalgesellschaft eine Kapitalerhöhung durchgeführt werden, an der sich die Holdinggesellschaft anteilsmäßig beteiligt.

Verbund innovativer Automobilzulieferer (VIA), Siegerland

Bei einem IHK-Stammtisch zum Thema: „Wege aus der Krise der Automobilzuliefererindustrie" fanden sich 1994 mehrere Automobilzulieferer aus der Region zusammen. Diese führten in der VIA ein vom Land Nordrhein-Westfalen gefördertes Projekt durch. Aus dieser Kooperation wurde das erste Gemeinschaftsunternehmen gegründet, die VIA – Oberflächentechnik GmbH.

Später erfolgte die Gründung der VIA Consult als zentrale Koordinationsstelle in Olpe. Die Aufgabe bestand in der Koordination der Zusammenarbeit und Projektleitung bei individuellen und gemeinsamen Projekten. In den Folgejahren wurden weitere Gemeinschaftsunternehmen gegründet.

Die Automobilzulieferer sind an diesen Unternehmen über Minderheitsbeteiligungen beteiligt. Die Netzwerkunternehmen übernehmen sowohl für die beteiligten Automobilzulieferer, als auch für externe Kunden hochtechnologisierte Tätigkeiten (z. B. Laserschweißen) und „ungeliebte" Aufgaben, die ein hohes Emissionsniveau bezüglich Lärm und Schmutz verursachen (z. B. Gießen).

Die Automobilzulieferer haben in diese Netzwerkunternehmen Funktionen gemeinsam ausgelagert, Kapitalbeträge gebündelt und Investitionen gemeinsam finanziert.

Das individuelle Investitionsvolumen der einzelnen Unternehmen konnte dadurch gesenkt werden und die verstärkte Konzentration auf die eigenen Kernkompetenzen wurde ermöglicht.

Um aber für weitere beteiligungswillige Unternehmen offen zu bleiben, wurde das Eigenkapital bei der Gründung nicht vollständig einbezahlt und damit einer nachträglich notwendigen Kapitalerhöhung vorgebeugt. Des weiteren sind die Netzwerkunternehmen alle wirtschaftlich und rechtlich selbständig, was auch dadurch deutlich wird, das keine Kapitalbeteiligung mehr als 10% beträgt.

Das VIA-Unternehmensnetzwerk nutzt als kurzfristige netzwerkinterne Kreditfinanzierungsform die Gewährung von Warenkrediten.

Hat ein Netzwerkunternehmen die Produkte, die ein anderes Netzwerkunternehmen für seine Produktion benötigt, auf Lager, können diese Warenbestände netzwerkintern in Form eines Warenkredits weitergegeben werden. Die Warenbestände sind damit an der Stelle im Unternehmensnetzwerk einsetzbar, an der sie zur Wertschöpfung gewinnbringend beitragen. Dadurch kann der netzwerkexterne Beschaffungsvorgang zu diesem Zeitpunkt vermieden werden, was vor allem Zeit- aber auch Kostenvorteile nach sich zieht. Ebenso verhält es sich mit dem Austausch von personellen Ressourcen.

Für beide Netzwerke ist entscheidend, dass:

- *keine Subventionierung durch Gesellschafterfirmen erfolgt und*
- *alle Unternehmen im freien Wettbewerb bestehen müssen.*

Beispiel einer Finanzplanung für eine Bau-Mittelstands-Kooperation

(aus: Die Bau-Mittelstands-Kooperation „Baupartner 2000" von Bergdoll, R. in Zusammenarbeit mit der Rationalisierungsgemeinschaft Bau des RKW)

Der Grundsatz für die Finanzierung der Kooperation geht von einer einmaligen Einlage der Mitglieder aus. Diese soll den Start der Marktbearbeitung sicherstellen. Jede Gemeinschaft muss sich aus der kooperativen Arbeit selbst finanzieren.

⇒ Gründung einer gemeinsamen „Non-Profit-Organisation"

Entscheidend für die finanzielle Steuerung der Gemeinschaft ist die Passage aus dem Gesellschaftsvertrag:

„Im übrigen führt die Gesellschaft keinen eigenen wirtschaftlichen Geschäftsbetrieb und erstrebt keine Gewinne".

⇒ Finanzierung der Anlaufkosten

Zur Abdeckung der Anlaufkosten werden kombiniert:
- die Einlagen der Firmen und
- die Zuschüsse von Dritten.

Erst nach Auftragsannahme und Abwicklung der ersten Aufträge kommt
- die kooperative Umlage hinzu.

In der Baubranche hat sich dieser Aufbau als problemlos erwiesen.

Die Höhe der Firmen-Einlage wird beeinflusst von der Größe des Absatzraumes, Zahl der Mitglieder, Unternehmensgrößen der Hauptgewerke, den regionalen Strukturbedingungen und den voraussichtlichen Arbeitsschwerpunkten.

Der durchschnittliche Betrag liegt bei ca. 3000 €. Dieser Betrag ist eine Vorfinanzierungsleistung.

Die Zuschüsse von Dritten an der Finanzierung ergeben sich aus den Möglichkeiten der Zusammenarbeit mit Banken, Bausparkassen, Zulieferfirmen und sonstigen Förderern.

Da eine Finanzierungsberatung in der Regel mit angeboten wird, ist die Zusammenarbeit mit Banken und Bausparkassen unumgänglich.

⇨ Festlegung der externen Kooperationspartner

   Die Zusammenarbeit mit Zulieferfirmen wird notwendig bei
   - zentralem Einkauf,
   - kooperativen Ausstellungen,
   - gemeinsamen Werbemaßnahmen usw.

Unter sonstigen Förderern werden staatliche und halbstaatliche Stellen verstanden. Hierzu gehören auch Verbände und Institutionen, die sich mit Finanzierungsbeiträgen, besonders an Themenbereichen beteiligen, die übergeordnete und überregionale Bedeutung haben.

⇨ Planung der fortlaufenden Innenfinanzierung

Die kooperative Umlage wird von jedem Mitglied erhoben. Diese kann ganz oder teilweise dadurch aufgebracht werden, dass von den über die Kooperation beschafften Aufträgen bestimmte Anteilsbeträge abzuführen sind (umsatzbezogene Innenfinanzierung).

Im Durchschnitt liegt die Umlage bei 3,6 bis 4,2 Prozent vom über die Kooperation für das Mitglied erbrachten Auftragswert.

⇨ Einrichtung eines koordinierenden Finanzbüros mit folgenden Aufgaben:
   - Eröffnung eines Kooperations-Kontos bei einer am Hauptsitz der Kooperation ansässigen Bank,
   - Übernahme der Unterschriftsberechtigung,

- Bekanntgabe des Kontos an Mitglieder (Einzahlung der ersten Rate der Einlage),
- Aufstellung des Finanzplanes,
- Aufbau der vorläufigen Buchhaltung bis zur Gesellschaftsgründung,
- nach Gesellschaftsgründung: Bestimmung des Steuerberaters,
- Geltendmachung der bis zur Gesellschaftsgründung verauslagten Mehrwertsteuer.

Muster eines vorläufigen Finanzplanes einer Baukooperation

Planungsdaten	Alternativen			Basis:10 Mitglieder
Bereich	**A**	**B**	**C**	**Bemerkungen**
Umsatz-Planung				
Anfragenzahl	3	5	8	bezieht sich auf eine Woche
Gesamtzahl	150	250	400	Basis 50 Wochen
Realisierungsquote %	30	40	45	%-Sätze: Erfahrungswerte
Zahl der Aufträge	45	100	180	
Auftragswert in TEuro	12	20	25	=Durchschnittswerte
Umsatzwert	*625*	*2000*	*4500*	Alternativen = Zielsetzung
Einnahmen-Planung				
Einlagen in Euro	30	30	30	je Teilnehmer 3000 Euro
Zulieferer	14	14	14	Zuwendung f. Werbung
Banken/Sparkassen	4	4	4	kann höher ausfallen
Sonstige Förderer		2	18	für Messen/Ausstellungen
4 % Umlage auf Umsatz	27	80	180	
Gesamteinnahmen	*75*	*130*	*233*	
Ausgaben-Planung				
Kartellgebühren	4,5	4,5	4,5	abhängig von Gebietsgröße
Prospekte	14	14	14	
Geschäftspapiere	3	3	3	
Beilagenwerbung	2	2	4	
Sonderbeilagen		1,5	2,5	
Anzeigenkosten	2	3	4	
Direktwerbung	1	1,5	1,5	
Eröffnungskosten	2,5	2,5	2,5	
Steuerberatung	1	1,5	2	
Kosten Marktbearbeitung	*30*	*33,5*	*38*	
Abwicklungskosten Büro	20	30	40	
Allgem. Geschäftskosten	0,5	0,75	1	die hier genannten Kosten in
Vorstandsentschädigung	2,5	3	4	allen Positionen werden an die
Projektbetreuungskosten	13,5	40	90	Mitglieder ausgezahlt, kein
Verwaltungskosten	*36,5*	*73,75*	*135*	Mitglied arbeitet umsonst für
Gesamtkosten	*66,5*	*107,25*	*173*	die Kooperation

Bild 12: Muster eines vorläufigen Finanzplanes einer Baukooperation

Abschließende Bemerkungen

Bei der Betrachtung von Unternehmensnetzwerken ist auffällig, dass Finanzierungsgesichtspunkte oft nicht als wesentliche Gründe für die Entstehung von Unternehmensnetzwerken genannt werden.

Auch als primäre Zielsetzung von Unternehmensnetzwerken werden meist andere Aspekte genannt. Bei entsprechenden Studien stehen oft andere Entstehungsgründe und Zielsetzungen im Mittelpunkt der Betrachtungen. Grund dafür ist wohl, dass gerade auf dem Gebiet der unternehmensübergreifenden Finanzierung eine gewisse Zurückhaltung vorhanden ist. Dies kann an dem hohen Anteil an relativ losen, nicht formalisierten Kooperationen oder an relativ geringen Ressourcenanforderungen der gemeinsamen Geschäftstätigkeiten liegen.

Ein anderer Grund ist darin zu sehen, dass die in einem Unternehmensnetzwerk zusätzlich entstehenden Finanzierungspotenziale unterschätzt werden bzw. in der wirtschaftlichen Praxis weitgehend unbekannt sind. Grund kann auch die bis zu diesem Zeitpunkt relativ seltene wissenschaftliche Auseinandersetzung mit diesem interessanten Themengebiet sein.

Auch in den der breiten Öffentlichkeit zugänglichen Medien findet das Thema Unternehmensnetzwerke in Verbindung mit Finanzierungsfragestellungen wenig Beachtung.

In diesem Leitfaden wird deutlich, dass durch die Kooperation neue Finanzierungsmöglichkeiten entstehen und dass bestehende Finanzierungsmöglichkeiten erweitert werden können. Dies gilt im Bereich der Außenfinanzierung aber auch im Bereich der Innenfinanzierung.

Gerade innovative Finanzierungsinstrumente, wie z.B. Factoring, ABS-Transaktionen und Leasing, sollten mithilfe von Unternehmensnetzwerken für kleinere Unternehmen realisierbarer werden.

Zudem wird deutlich, dass die Teilnahme an einem Unternehmensnetzwerk Einfluss auf finanzwirtschaftliche Parameter hat. Konkret wird die Möglichkeit der Verringerung bzw. Teilung der leistungs- und finanzwirtschaftlichen Risiken durch die Kooperation in einem Unternehmensnetzwerk aus Sicht der Unternehmen und aus Sicht der Kapitalgeber deutlich. Zudem können Unternehmensnetzwerke zum Bündeln der Kapitalbeträge für Investitionen genutzt werden. Damit wird durch die eingeschränkt notwendige Fremdkapitalaufnahme die Kapitalstruktur des einzelnen Netzwerkunternehmens geschont, was zur Verbesserung der Kapitalausstattung führen kann. Über verbesserte Bilanzrelationen wird die Bonität der Netzwerkunternehmen gesteigert und die Kapitalaufnahme erleichtert.

Es wird deutlich, dass im Bereich der Finanzierung durchaus sinnvoll kooperiert werden kann und dass durch die Kooperation mehrerer Unternehmen in einem Unternehmensnetzwerk Ressourcenrestriktionen bezüglich finanzieller Mittel verringert werden können.

Wird dieser Aspekt aus anderer Perspektive betrachtet, können Kooperationen und Unternehmensnetzwerke möglicherweise explizit als Finanzierungsinstrument angesehen werden.

Trotz dieser Vorteile, muss als wesentliches Hemmelement der vorteilhaften Ausnutzung der möglichen Finanzierungspotenziale in Unternehmensnetzwerken, die eingeschränkte Transferierbarkeit der Unternehmensfunktion Finanzierung genannt werden. Generell kann die gesamte finanzielle Betriebsführung nicht Gegenstand der zwischenbetrieblichen Kooperation sein, ohne dass die wirtschaftliche Autonomie der Kooperationsteilnehmer teilweise aufgegeben wird. Die wirtschaftliche Autonomie hängt eng mit dem Ausmaß der in die Zusammenarbeit einbezogenen finanzwirtschaftlichen Funktionen zusammen. Um die Selbständigkeit zu wahren, sollte die Dispositionsfreiheit der finanziellen Mittel durch eine Kooperation nur auf freiwilliger Basis eingeschränkt werden.

Zum Autor

Dipl.-Kfm. Daniel Becher beschäftigt sich im Rahmen seiner Tätigkeit als Projektleiter im RKW mit der Finanzierung von kleinen und mittleren Betrieben. Maßgeblich trug er zur Entwicklung eines Instrumentes (Fit For Rating) bei, dass der Vorbereitung von Unternehmen auf Bankenratings dient.

Im Jahr 2004 leitete er ein Projekt, dass sich mit innovativen Finanzierungsmöglichkeiten in Unternehmensnetzwerken auseinandersetzt. Dieser Informationsleitfaden fasst die grundsätzlichen Ergebnisse zusammen.

Während seines Studiums befasste er sich am Lehrstuhl für Statistik der Universität Regensburg mit der Analyse von Markt- und Kreditrisiken.

Weitere Publikationen zu den Themen Factoring, Leasing und Asset Backed Securities des Autors finden Sie unter www.rkw.de.

Arno Kastner
Wie bekomme ich einen Kredit für mein Unternehmen?
Ein Rating- und MaK-Ratgeber
2004. 110 Seiten
RKW-Nr. 1466
ISBN 3-89644-213-9

Der Ratgeber gibt Ihnen einen Überblick über die wesentlichen Vorschriften der Mindestanforderungen an das Kreditgeschäft und die neue Basler Eigenkapitalverordnung. Er zeigt deren Auswirkungen auf die Kreditvergabe an kleine und mittlere Unternehmen auf. Er zeigt Ihnen auch auf, welche Mittel Sie in Ihrem Unternehmen gegebenenfalls einsetzen können, um eine anstehende Kreditvergabe bzw. die laufende Kreditbeurteilung, zu Ihren Gunsten beeinflussen zu können. Da sich aber optimale Gesprächs- und Verhandlungsergebnisse nur bei Kenntnis des Informationsbedarfs des jeweiligen Verhandlungspartners erzielen lassen, sind die Unternehmen gehalten, sich auch mit den Grundlagen der Entscheidungsfindung von Kreditunternehmen auseinander zu setzen.

Der Ratgeber behandelt wichtige Aspekte:

I   Einleitung

II Rating / Basel II
    Inhalt des 1. und 2. Baseler Konsultationspapiers
    Die Bewertungsansätze
    Einsatz von Ratingverfahren im Rahmen der Kreditvergabe der Banken
    Externe Ratinganalysen, Länderrating, Branchenrating, Bankinterne Ratinganalysen / Wesentliche Funktionen des Ratings
    Die Bedeutung von Sicherheiten im Rahmen der Kreditgewährung und -beurteilung

III Mindestanforderungen an das Kreditgeschäft der Kreditinstitute (MaK)
    Anwendungsbereich
    Allgemeine Anforderungen wie Kreditrisikostrategie, Organisationsrichtlinien, Anforderungen an die Dokumentation
    Organisation des Kreditgeschäfts, Risikoklassifizierungsverfahren
    Identifizierung, Steuerung und Überwachung der Risiken im Kreditgeschäft
    Auslagerung, Prüfungen

IV Strategisches Vorgehensweise von Unternehmen bei anstehenden Kredit-, Bilanz- und Ratinggesprächen
    Künftige Anforderungen, Tipps zur Vorbereitung

V   Für die Kreditbearbeitung benötigte Unterlagen

VI Checkliste zur Vorbereitung von Ratinggesprächen und -beurteilungen

Thomas R. Zeitelberger
Die Teilkostenrechnung in Theorie und Praxis
2002. 84 Seiten
RKW-Nr. 1433
ISBN 3-89644-180-9

Die Teilkostenrechnungsverfahren stellen eine Weiterentwicklung der seit langem bekannten Vollkostenrechnung dar. Mit ihnen sind die notwendigen Neuerungen in die Kostenrechnung eingeflossen.

- Mit diesem kostenrechnerischen Ansatz können viele betriebliche Entscheidungen richtig vorbereitet und getroffen werden.

- Fehlentscheidungen können vermieden werden.

- Es entsteht ein betriebswirtschaftliches Managementkonzept.

- So läßt sich der gesamte betriebliche Erfolg steuern !

Die Basisbausteine der Kostenrechnung, also die Kostenartenrechnung und die Kostenstellenrechnung, bleiben erhalten, müssen aber für die neuen Aufgaben überprüft werden. Durch die Nichtzurechnung der Gemeinkosten/fixen Kosten in die Kostenträgerstückrechnung bzw. die nur blockweise Zurechnung dieser Kostentypen in der Kostenträgerzeitrechnung ergibt sich die so wichtige Beurteilungsgröße des Deckungsbeitrags.

Inhalt

- Die Entstehung der Teilkostenrechnungsverfahren

- Die Teilkostenrechnungsverfahren

- Fehlervermeidung durch die Teilkostenrechnung

- Entscheidungshilfen und Steuerungsmöglichkeiten mit Hilfe der Teilkostenrechnungsaspekte

- Gefahren der Teilkostenrechnung

Frank Motte
Mittelstandsholding
2004. 2., aktualisierte Auflage, 74 Seiten
RKW-Bestell-Nr. 1287
ISBN 3-89644-034-9

Bei der Erstauflage dieses Buches wurde die Zusammenführung von mittelständischen Unternehmen unter einer Mittelstandsholding dargestellt mit dem Ziel einer optimierten Organisation von Unternehmensgruppen. Zwischenzeitlich ist eine verstärkte Tendenz zur Gründung von Mittelstandsholdings zu beobachten. Die Zielsetzungen für ihre Gründung haben sich dabei teilweise geändert. Nach der Euphorie für börsennotierte Mittelstandsholdings Mitte der 90er Jahre ist hier zwischenzeitlich eine Ernüchterung eingetreten. Dies liegt begründet in der Tatsache, dass unter dem Label der Mittelstandsholding unzusammenhängende Unternehmen zusammengekauft wurden mit dem alleinigen Ziel, eine für Altaktionäre ertragreiche Börseneinführung durchzuführen.

Während der Gesichtspunkt der Börseneinführung in den Hintergrund gerückt ist, hat ein neues Thema an Bedeutung gewonnen: Zusammenführung einer Mittelstandsholding-Strategie mit der Eigenkapitalfinanzierung durch eine Beteiligungsgesellschaft als sogenannte „Buy and Build-Strategie". Damit wird die Möglichkeit zu Wachstum in fragmentierten oder zu Generationswechseln tendierenden Branchen erfolgreich eröffnet. An zwei Praxisbeispielen wird diese Strategie dargestellt.

RKW-Verlag, Postfach 5867, 65733 Eschborn
Fax 06196/495-4401, Tel. 06196/495-3422 und -3423, www.rkw.de

Printed by Libri Plureos GmbH
in Hamburg, Germany